edition ❖ chrismon

WUN DER

*Variationen
von Zsuzsa Bánk bis
Feridun Zaimoglu*

*Herausgegeben von der
Stiftung der Evangelischen Kirche
in Hessen und Nassau*

INHALT

VORWORT

Von jeher lassen sich Wunder nur anschauen, nicht durchschauen. Das macht ihren Zauber aus. Sie hüten ein Geheimnis, das dem Menschen verschlossen bleibt, ihn in seinem Inneren aber tief berührt. In seinen Ängsten vor Krankheit und Tod, seinem Ausgeliefertsein und seiner Machtlosigkeit ebenso wie in seinen Wünschen nach dem Großen, dem Möglichen und Unmöglichen, seinen Hoffnungen. Das Wunder lässt Fragen offen, und es lädt zum Weiterfragen ein. Vielleicht ist es die stete Sehnsucht nach dem, was über uns selbst hinausgeht, uns aber unbedingt angeht, der Wunsch nach Grenzüberschreitung und nach einer Verbindung zum Göttlichen – umfassender, als der Verstand es erfassen kann.

Das Kind berührt die Welt der Wunder beim Heranwachsen im Entdecken und Erleben der Schöpfung. Es reichen ihm Kleinigkeiten für ein Staunen. Mit Offenheit eröffnet sich ein Zugang zum Wunderbaren und Wundersamen, öffnet sich die Welt und ihre Wahrnehmung immer wieder neu. Es gibt Erlebnisse und Erzählungen, die Groß und Klein im selben Maße berühren und begleiten. Die biblischen Wundergeschichten haben diese Wucht. Im Gedächtnis bleiben Bilder, die sich ob ihrer Einfachheit und Eindrücklichkeit auch in der Sprache einprägen. Wenn Moses seine Hand reckt und die Wasser sich voneinander teilen. Wenn Jesus Großes tut und Kranke heilt oder Tote zum Leben erweckt, oder wenn er vermeintlich Kleines vollbringt, wie Wasser in Wein zu verwandeln.

Schon immer haben die Menschen zwischen ihren Göttern, ihrem Gott oder dem Unbedingten und sich selber und ihrer Lebenswelt, dem Bedingten unterschieden – allerdings mal mehr oder weniger streng. Die Christenheit hat darin ihr jüdisches Erbe bewahrt, dass sie diese Unterscheidung sehr strikt gesehen hat. Zwar gibt es in der Welt keinen gottfreien Raum. Selbst die Sphäre des Todes, das Totenreich, ist nicht ohne Gott: „Schlüge ich mein Lager in der Unterwelt auf – auch da bist du", sagt der 139. Psalm. Aber die Welt ist nicht Gott. Gleichwohl bedeutet einen Gott haben eine Welt haben.

Nicht nur das Heil, auch das gelebte Leben hängt an ihm, seiner Gegenwart, seinem Wort und am Glauben, den wir ihm verdanken. Um Gottes Gegenwart in der Welt beschreiben zu können, braucht man Vermittlungsglieder. Der Segen ist so eines, die Vorstellung von Engeln ein anderes. Das wichtigste Glied ist das Wort Gottes selbst.

Auf dieser theologischen Ebene der Vermittlungsgrößen zwischen Gott und den Menschen, zwischen der Transzendenz und der Immanenz liegen die Wunder; von ihren Geschichten ist die Bibel voll. Als solche Vermittlungsgrößen sind die Geschichten von Wundern stets auf den Glauben bezogen. Sie haben immer hinweisenden Charakter. Die Heilungswunder weisen auf den Gott hin, der die verwundete Schöpfung heilen will, die Totenerweckungen verweisen auf das endgültige Ende des Todes, das auch die einst erleben sollen, die jetzt noch einmal ins Leben zurückkehren. Die Rettungswunder verweisen darauf, dass Gott seine Welt herausreißen will aus Angst und Not. Und die Offenbarung von Jesu Herrlichkeit verweist auf den Gott, der die Not, den Mangel, die erlittene Sinnlosigkeit und die moralische Schande seiner Schöpfung in Herrlichkeit verwandeln will. So begründen sie keinen Glauben, sondern setzen ihn voraus. Alle diese Texte sind literarisch und nach charakteristischen Erzählmustern geschrieben. Sie als Beweismittel für übernatürliche Unterbrechungen des Naturzusammenhangs zu verstehen, geht literarisch und theologisch an der Sache vorbei. Ihr geistlicher Gehalt liegt darin, dass sie Hoffnungsgeschichten sind, die selber die Hoffnung wecken wollen, dass mit Gott die Welt veränderbar ist und daher das, was ist, nicht alles ist, um es mit Theodor W. Adorno zu sagen.

Solche Geschichten eröffnen andere Geschichten. Und so waren die Wundererzählungen der Bibel der Anstoß für dieses Buch: der Anlass, zeitgenössische Schriftstellerinnen und Schriftsteller einzuladen, sich dem alten Stoff zu widmen und ihn neu zu erzählen. Wie gehen sie mit dem biblischen Thema heute um? Welche Assoziationen und Interpretationen werden dabei geweckt? Alle sechzehn Autoren haben darauf eine eigene Antwort gefunden und lassen uns eintauchen in fremde und vertraute Lebenswelten und Gedanken. Wir danken den Schriftstellern, dass sie sich eingelassen haben, dem Wesen des Wunders literarisch ein Stück näher zu kommen und zu schreiben – von ernsten oder frohen, in jedem Fall aber denkwürdigen Ereignissen und Begegnungen, in denen die Welt so aufleuchtet, als wären Welt und Himmel gleich.

Für die EKHN Stiftung
Friederike von Bünau, Geschäftsführerin
Peter Steinacker, Vorsitzender des Kuratoriums

Zsuzsa Bánk

BIRKENWALD

An dieser einmalig dunklen Nacht musste es gelegen haben. Etwas hatte Philip geweckt, ein Geräusch, das der Hund gemacht hatte, als er aufgesprungen, ums Haus geschlichen war und neben der Terrassentür etwas umgestoßen hatte, weil er einer Maus, einer Schlange hinterhergejagt war, die sich hier oft in den Büschen versteckten, in den dicht wachsenden Hecken, die den Garten abgrenzten von den Nachbarn und ihn wie eine Mauer umschlossen. Phil hatte das Laken zurückgeschlagen, mit dem er sich in den heißen Nächten im Juli und August zudeckte, weil er selbst in der Hitze etwas brauchte, das beim Schlafen auf seiner Haut lag. Er war in seine Badeschuhe geschlüpft, die seit dem Abend vor dem Bett gestanden hatten, als er sich gleich nach dem Schwimmen hingelegt hatte, mit einem heftigen, stechenden Schmerz hinter der Stirn, der ihn in letzter Zeit oft plagte und den er dann jedesmal zu leugnen versuchte. Er war eingeschlafen, obwohl er noch hatte zu Abend essen wollen, mit seiner Frau und seiner Tochter, die auf der Terrasse auf ihn gewartet und zugeschaut hatten, während er wie jeden Abend vor ihren Augen kopfüber, mit vorgestreckten Armen und zusammengelegten Händen, in den Pool gesprungen und seine kurzen Bahnen geschwommen war, sich danach wie sein Hund am Beckenrand geschüttelt hatte und mit den Fingern schnell durchs kurze Haar gefahren war, als wolle er es so trocknen.

An dieser Dunkelheit musste es gelegen haben, glaubte Phil später, in die er hinausgegangen war, um nach wenigen Schritten durchs nachtfeuchte Gras die Arme auf dem Rücken zu verschränken und seinen Kopf, in dem der Schmerz jetzt nachgelassen hatte, in den Nacken fallen zu lassen. Nicht einen einzigen Stern konnte er sehen, und etwas an dieser Dunkelheit verstörte ihn, obwohl es ihn vorher nie gestört hatte, in den schwarzen Himmel über seinem Garten zu schauen. Er hatte Gefallen daran gefunden, jedesmal wenn er sich auf eine der schmalen Holzliegen am Pool gesetzt und den Blick über die weißen Mauern hatte gleiten lassen, die sich gegen das Schwarz absetzten. Es hatte ihm gefallen, weil alles nach seiner Vorstellung gebaut worden war, weil es nur aus Bildern in seinem Kopf entstanden war, das ganze Haus und alles was es darin gab war allein seinem Kopf entsprungen, an wenigen Tagen, die er damals liegend auf einer Matte verbracht hatte, kurz nachdem er das Grundstück am Stadtrand von Madrid gekauft hatte und zunächst Tag und Nacht hier geblieben war, um zu sehen, wie am Mittag das Licht durchs Blätterwerk fiel und wie es am Abend langsam verschwand, wie sich die Pappeln bewegten, wenn ein Wind aufkam, der das hochgewachsene Gras schieflegte und das Wasser im Schwimmbecken kräuselte. Jedes Fenster, jeden Stein, jede Tür hatte Phil in dieser Zeit wie in einem Rausch auf Papier gezeichnet, und wenig später war das alte Haus abgerissen und das neue nach seinen Entwürfen gebaut worden.

Aber heute Nacht war ihm das Schwarz am Himmel mit einem Mal zu tief, zu undurchdringlich, als sei die Stadt, die ihre Lichter sonst bis an ihre Ränder, bis hierher auswarf, als sei Madrid heute Nacht verschwunden, als habe sich die Stadt in diesem Dunkel aufgelöst und als könne es alles andere auch noch verschlucken, Phil und alles, was ringsum zu ihm gehörte, sein Haus mit den weißen Mauern, seinen Garten, seinen Hund, sein Kind und seine Frau, die neben seinem zurückgeschlagenen Laken schlafend in seinem Bett lag. Es geschah oft, dass er in den heißesten Nächten des Sommers wach wurde und draußen am Wasser wartete, bis er wieder schläfrig genug war, um ins Bett zurückzukehren. Aber diesmal kam es ihm anders vor, jetzt, da der Schmerz hinter seiner Stirn nachgelassen hatte, kam ihm alles fremd vor, in seinem eigenen Garten kam ihm plötzlich alles fremd vor, auch wenn er keine Erklärung dafür hatte, ob es wirklich nur die Dunkelheit des Himmels war in dieser Nacht – oder etwas anderes.

Er hörte die Tatzen seines Hundes auf den Steinplatten und streckte die Hand nach ihm aus, der Hund schleckte ihm über die Finger und legte den Kopf auf Phils Knie. Joey hatte schon zum alten Haus gehört, das vor zwei Jahren noch hier gestanden hatte, und als Phil es gekauft hatte, hatte man ihn gefragt, ob er nicht den Hund behalten könne, weil er genauso zum Haus gehöre wie der Garten. Obwohl Joey kein Hund nach Phils Geschmack war, sondern einer dieser großen Mischlinge, wie man sie auf den Straßen rund um Madrid überall finden konnte, war er sofort einverstanden gewesen, hatte dem Hund an die Schnauze gefasst, ihm zwischen den spitz aufgestellten Ohren über den Kopf gestrichen und fortan keinen Gedanken mehr daran vergeudet, dass Joey zuvor zu jemand anderem gehört hatte. Als das alte Haus abgerissen wurde, war Joey bellend auf und ab gejagt und hatte den Lärm der Bauarbeiten übertönt, und als sei er selbst ganz erschöpft davon, hatte er in den Nächten eingerollt am Wasser geschlafen.

Das Geld war Phil erst ausgegangen, als das Haus schon stand und sie einziehen konnten. In der Krise war sein Gehalt halbiert, sein Bonus zum Jahresende gestrichen worden, und Phil hatte im Garten alles unverändert lassen müssen, den alten Pool, die zwei Olivenbäume, die er hatte umsetzen wollen, und die wenigen Pappeln, deren Wurzeln sich von den Rändern des Grundstücks bis zum Haus gegraben hatten. Erst im Winter darauf hatte er genug Geld beisammen und ließ im März die Kacheln am Becken abschlagen, das Badehäuschen mit den Bänken und Tischen aus Holz abtragen, ließ hinter den Liegen leuchtend grünen Bambus pflanzen und überall neuen Rasen säen. Abends saß er mit Frau und Kind auf der Terrasse. Sie schauten still in ihren Garten, als dürften sie nicht zu laut sein, als müssten sie schweigen, als könnten sie sonst die neuen Pflanzen beim Wachsen stören.

Seit dieser Zeit hatte sich ein ziehender Schmerz hinter Phils Stirn gesetzt, und auch heute Nacht trieb es Phil hinaus, um ihm zu entkommen. Er presste die flachen Hände gegen die Schläfen, während er von einer Liege aus betrachtete, was in den letzten Monaten aus seinem Stück Erde geworden war. Sein Blick blieb hinter den Pappeln im Nichts hängen, irgendwo auf dieser großen Fläche, mit der Phil nichts geplant und die er einfach hatte wuchern lassen, weil es schnell zu Joeys Stück Land geworden war, auf dem nur er herumlief und das er laut bellend verteidigte, sobald sich jemand näherte. Als Phil in den ersten Tagen hier auf einer Matte gelegen und das Haus in Gedanken schon entworfen hatte, war dieser vergessene Teil des Gartens zu Joeys Stück Land geworden, und Phil hatte es nicht mehr gewagt, es zu roden, zu glätten, gefügig zu machen, immer wenn er den Hund dort hatte umherlaufen sehen, hatte er den Gedanken, den Plan verworfen, etwas auch mit diesem Teil des Gartens vorhaben zu wollen.

Aber jetzt, in der Dunkelheit dieser Nacht, glaubte er, er müsse genau dort etwas ändern, er müsse genau dort etwas Helles in die Erde pflanzen, er müsse das Dunkle durchbrechen und das Schwarze zurückdrängen, so wie es sich heute Nacht zeigte, dürfe er es nicht mehr zulassen, und als der Hund sich zu seinen Füßen einrollte, meinte Phil, sein Einverständnis zu haben, als bräuchte er das, um die Gärtner zu bestellen und ihnen zu sagen, sie dürften anfangen. An Birken dachte er. In dieser heißen Nacht, am Stadtrand von Madrid, als er glaubte, die Hitze über den Straßen und Dächern des Zentrums bis hierher spüren zu können, musste er an Birken denken, und in seiner Vorstellung konnte er sie schon sehen, ihre helle, blasse Rinde, die bald wie ein Licht durch die Dunkelheit seines Gartens dringen würde.

In den nächsten Tagen hatte Phil in Valencia zu tun, und er hatte genügend Zeit, sich außerhalb der Stadt auf einem Jeep durch eine Großgärtnerei fahren und sich alles zeigen zu lassen, was hier auf hunderten von Hektar nur deshalb existierte, damit es eines Tages gekauft und mitgenommen und in einem anderen Garten weiterwachsen würde. Er schoss unzählige Fotos, von Palmen, Kakteen, Zypressen, als könne ihn diese Fahrt durch die Gärtnerei noch von seinem Vorhaben abbringen und weglotsen davon, als könne er sich wirklich noch für etwas anderes entscheiden, als sei es in ihm nicht längst schon entschieden und ausgemacht, dass es Birken, helle, weiß schimmernde Birken für seinen Garten sein mussten, Bäume des Nordens in einem Garten des Südens.

Er musste daran denken, wie er als Kind einen Sommer lang die Rinde von Birken gesammelt und in einer Kiste unter seinem Bett aufbewahrt hatte, wie er sie zerbröselt und auf die Fensterbank vor seinem Zimmer gestreut hatte, weil jemand gesagt hatte, so könne sich sein Wunsch erfüllen, vielleicht könne sogar ein Wunder geschehen, er müsse nur daran glauben, sobald er das Fenster öffne und die Rinde davor zerbrösele, müsse er fest daran glauben. Aber es war kein Wunder geschehen, nie hatte es gereicht, und Phil hatte sich bald den Vorwurf gemacht, nicht stark genug daran geglaubt zu haben. Doch jetzt glaubte er daran. Jetzt, als erwachsener Mann, der nicht mehr nach London zurückgekehrt war, seit er vor Jahren angefangen hatte, in Madrid zu arbeiten, glaubte er daran, und bestellte noch am selben Abend in einem kleinen klimatisierten Raum hinter den großen Gewächshäusern voller Setzlinge von Pinien, für die er keinen Blick hatte, für seinen Garten am Stadtrand von Madrid einhundert Birken. Es sollte reichen für einen Wald nach seiner

Vorstellung, für zehn Reihen mit jeweils zehn Bäumen, die genügend Rinde hergeben würden, um sie abzuziehen, zwischen den Fingern zu zerbröseln und auf den Fensterbänken zu zerstreuen. Er ließ sich abermals hinausfahren und suchte jede einzelne Birke selbst aus, strich über ihren Stamm, ging zwei Schritte zurück und schaute hoch ins feine Labyrinth ihrer Zweige, und wenn er sie nehmen wollte, nickte er dem Gärtner zu, bevor der mit roter Kreide ein dickes Kreuz aufzeichnete.

Als die Bäume, ihre Wurzelstöcke eingewickelt in Säcke, auf zwei Lastern geliefert wurden, regnete es. Phil stand auf der Straße und winkte die Wagen in die Einfahrt, und weil es in Madrid im Sommer so gut wie nie regnete, war es ihm, als hätten die Bäume das Wetter bestellt, um ihm zu zeigen, wie verrückt es war, im Süden ausgerechnet einen Birkenwald zu pflanzen, Bäume mit weißer Rinde in einer Stadt, in der das Licht in den meisten Monaten des Jahres ohnehin gleißend war. Phil hatte sich freigenommen, er wollte dabei sein, wenn sie die Bäume einsetzten, er wollte zeigen, welcher Baum an welche Stelle gehörte und wie der Abstand zwischen den Stämmen sein musste, damit der Wald so aussehen würde wie in seiner Vorstellung. Als alles getan war, sah er genau so aus, und Phil schlief in der ersten Nacht draußen, schob eine der Pool-Liegen unter zwei Birken und hörte auf das leichte Rascheln der Blätter, bevor er wegdämmerte und bis zum Morgen nicht mehr wach wurde, nicht von dem Pochen hinter seiner Stirn, nicht von Joeys Bellen, der unter den Birken umherjagte, fiepte und jaulte, auch nicht von den Rufen seiner Frau, die wieder und wieder Joeys Namen rief und die Tür laut zuwarf, als sie ins Haus zurückging. In den Nächten darauf blieb Joey still. Er lag am Stamm einer Birke und schreckte kein einziges Mal mehr hoch, so wie früher, wenn sich eine Schlange oder eine Maus in den Hecken versteckt hatte.

Nach diesem Sommer verloren alle Bäume zur selben Stunde ihre Blätter, am ersten kühlen Herbsttag segelten sie hinab, und Phils Tochter saß im Birkenwald und streckte die Arme nach oben. Als im Januar Schnee fiel, bedeckte er alles im Garten, nur nicht die Birken, als sei etwas über ihnen aufgespannt, das den Schnee abfing, und als die ersten Frühlingsstürme wieder durch den Garten fegten und alles mitnahmen, was nicht festgebunden war, drang der Wind nicht an die Birken heran, er zerrte nicht an einem ihrer Zweige. Phil stellte sich unter die Bäume, und als es dort windstill blieb, war es ihm, als stünde er hinter einer unsichtbaren Wand, an der jeder Sturm Halt machte. Weil der Schmerz hinter seiner Stirn verschwunden war, bald nachdem er den letzten Baum hatte einpflanzen lassen, richtete Phil das Bett für seine Tochter unter einer Birke her, immer wenn sie krank war, wenn sie fieberte und sich ängstigte. Er schlief neben ihr unter freiem Himmel, und am Morgen trug er sie zurück ins Haus, wo sie gesund aufwachte und von alldem nichts gemerkt hatte. Manchmal schien es in der Nacht von den Bäumen her zu leuchten. Phil wachte auf davon und ging hinaus, fasste an die Stämme, bis Spuren von Rinde an seinen Fingern klebten, und schritt die Reihen ab, die genau so gepflanzt worden waren, wie er es sich einmal ausgemalt hatte.

Zwei Jahre später ging die Familie zurück nach London. Phil verkaufte das Haus am Stadtrand an jemanden, der versprach, den Hund zu nehmen und die Birken nicht zu fällen, den Birkenwald genau so stehen zu lassen und nichts an ihm zu ändern. Am Abend vor der Abreise lag Phil neben seiner Tochter auf einer Matte im Garten, obwohl es für Oktober eine selten kühle Nacht war. Nur sie schlief, Phil schaute hoch zu den fallenden Blättern und schnappte mit den Händen nach ihnen, aber es gelang ihm nicht, eines davon zu fangen, als würden die Blätter ihm ausweichen, als würden sie zurückschrecken, sobald er sie zu fassen versuchte, und der verrückte Gedanke kam ihm, sie wollten sich ihm entziehen, jetzt, da er diesen Garten verließ, würden sie sich ihm entziehen, als könnten sie das, als könnte sich ein Blatt einem Menschen entziehen. In der Dämmerung stand er auf, schob die Terrassentür zur Seite, holte aus der Küche ein scharfes Messer und schnitt drei dickere Zweige von einem Stamm, zog etwas Rinde ab, und legte alles in ein schwarzes Tuch aus

Leinen. Als am nächsten Morgen die letzten Kisten und Dinge ins Auto geladen wurden, saß Phil schon auf dem Fahrersitz, die Zweige ins Tuch gewickelt neben seinen Füßen. Irgendwo in London wartete ein Garten auf sie.

Irgendwann, so erzählt **ZSUZSA BÁNK**, wache sie auf, »und der erste Satz ist da«. Oder sie gehe ins Bett und finde ihn auf dem Kopfkissen. Wie ein Geschenk. Oder ein kleines Wunder? Der große Rest, die vielen hundert Seiten ihrer bislang drei Bücher, ist ihr nicht zugefallen. Denn der leicht schwebende, rhythmisch ausbalancierte Ton ihrer Prosa ist das Ergebnis größter Anstrengung und Konzentration und, wie sie sagt, langen leeren Starrens auf den Bildschirm. Schon ihr literarisches Debüt, der 2002 erschienene Roman »Der Schwimmer«, wurde mit mehreren Preisen ausgezeichnet. Dabei fand sie erst auf Umwegen zum Schreiben. Denn zunächst absolvierte die 1965 in Frankfurt am Main geborene Tochter ungarischer Eltern eine Buchhändlerlehre. Ihr neuestes Buch (»Die hellen Tage«, Fischer 2011) schrieb Zsuzsa Bánk nach der Geburt ihrer beiden Kinder. In ihm spürt sie dem Wunder und Rätsel der Kindheit nach und dem, was davon immer in uns bleibt.

Artur Becker

DER RUF DES SOMMERS

Ich musste das Mädchen vom Badestrand unbedingt wiedersehen und es natürlich kennenlernen. Aber ich traute mich nicht, allein nach Ramsowo zu fahren, denn wo sollte ich da wohnen? Bei wem? Auf dem Campingplatz hätten mich die Kannibalen umgebracht und anschließend verspeist, die Jungs auf dem Campingplatz waren mindestens zwei, drei Jahre älter als ich und schliefen in einem Zweimannzelt zusammen mit ihren Geliebten, die für sie Flaschenbier vom Kiosk holten. Außerdem würde mir mein Vater eine schlimme Predigt halten – er war nämlich ein Meister der psychologischen Kriegsführung! – und mich, einen fünfzehnjährigen und frisch gebackenen Gymnasiasten, allein für mehrere Tage mit einem Zelt und Rucksack gar nicht erst losziehen lassen. Und so kam ich auf die Idee, meinen Freund Sylwester nach Ramsowo einzuladen. Zu zweit war man stärker, und unsere Eltern würden ruhiger schlafen.

Wie sollte ich aber Sylwester diese Reise schmackhaft machen? Ich überlegte nicht mehr lange und beschloss, dass zum ersten Mal die Ausnahmesituation eingetreten war, von der wir immer geredet hatten. Die Würfel waren gefallen: Jetzt muss ich handeln, dachte ich mir. Ich werde lügen, was das Zeug hält!

Ich sagte meinem Freund, dass der alte Badestrand von Morena vor hübschen Mädchen aus allen Nähten bersten würde – ich hätte es mit meinen eigenen Augen gesehen, ich sei dort vor wenigen Tagen erst gewesen, die Besichtigung des wunderbaren Zoos und all der freien wilden Tiere, die aus ihren Käfigen und Gehegen ausgebrochen seien, dürfe er sich nicht entgehen lassen. Ich sagte ihm, dass er dumm wäre, wenn er mich nicht für ein paar Tage an den See bei Ramsowo begleiten würde. Ich erzählte ihm, dass wir im Obstgarten des alten Fischers und seiner Frau Basia zelten könnten, und am Tage würden wir auf die Jagd gehen und für den Abend Verabredungen mit den Mädchen treffen – mit dem zum Abschuss freigegebenen Wild, meinte ich, um ihn von der Aufrichtigkeit und Eindeutigkeit meiner Absichten zu überzeugen. Da ich kein guter Lügner war, wollte er mir meine Geschichte nicht so recht glauben. Er rümpfte die Nase, und seine sanftmütigen Pferdeaugen wirkten auf einmal ganz klein, obwohl sie normalerweise strahlten, wenn wir wieder einmal im Begriff waren, einen unserer teuflischen Pläne auszutüfteln.

Ich musste lügen… Wie sollte ich es Sylwester klarmachen, dass ich verliebt war? Ich schämte mich, und ich war ein Feigling, ich fürchtete eine Niederlage. Nein, ich konnte allein nicht losfahren, ich brauchte einen Schutzengel und guten Kumpel, der mich unterstützen und trösten würde, wenn etwas schief laufen sollte…

Eine solche Chance käme kein zweites Mal, sagte ich ihm dann, und er bat mich, ich möge ihm genau schildern, wie viele hübsche Mädchen ich getroffen hätte und wie sie alle aussähen. »Ein einziges, Sylwester, ein einziges hübsches Ding habe ich getroffen, das auch für dich in Frage käme, bloß die Dame gehört bereits mir!«, lag mir schon auf der Zunge. Stattdessen sagte ich: »Alter, du hast so etwas noch nie gesehen! Sie wohnen alle im Erholungszentrum von Morena, ich habe mindestens zwanzig Schönheiten gezählt, und sie sind nicht älter als sechzehn! Jeden Morgen strömen sie aus dem Wald und gehen an den Strand, um sich bis zum späten Nachmittag nackig zu sonnen! Ab und zu springen sie ins Wasser oder trinken kalte Limonade, lesen Bücher und hören Radio!« – »Nackig, sagst du?«, staunte er. »Du lügst! Sie haben nicht einmal einen Bikini an?« – »Natürlich tragen sie einen Bikini oder einen Badeanzug, aber du kannst alles genau erkennen, wirklich, glaub's mir! Du wirst nichts verpassen! Diese sonnengebräunte Haut und die Beine und die Brüste! Und sie sind allein – ganz allein! Niemand spricht mit ihnen, keiner kümmert sich um sie! Ja, sie warten auf uns!« Er kratzte sich am Kopf, setzte sich auf die Erde und rupfte Grashalme aus, auf denen er dann kaute. Wir residierten wieder einmal am städtischen Badesee, wo wir in der Nähe des wilden Ufers einen Stammplatz hatten. Pappeln wuchsen dort, die uns an heißen Julitagen Schatten spendeten und unsere Gemüter abkühlten.

Wir waren beide in bester Verfassung, der Sommer erreichte langsam, aber sicher seinen Höhepunkt, seit zwei Wochen hatte es kaum geregnet, in Bartoszyce gab es nichts zu tun, die Stadt lag im Sterben, alle schienen in die Ferien gefahren zu sein, und unsere Eltern bereiteten die nächste Revolution vor. Überall spürte man die Ruhe vor dem Sturm, der auch bald mein Zuhause erreichen musste, dessen ich mir ganz sicher war, denn mein Vater saß wieder auf gepackten Koffern. Er wollte bald verreisen, nur diesmal sagte mir meine schlaue Stimme, die mich von der Liebe träumen ließ, dass der Vater nicht mehr nach Polen zurückkehren würde.

*

Am 13. Juli 1983 fuhren wir mit dem Linienbus nach Czerwonka. Zwei Rucksäcke, Matratzen, Schlafsäcke, zehn
Fleischkonserven, ein Zelt und Taschenlampen, ein Gasko-
cher und Streichhölzer, Taschenmesser und Bücher, Batterien
R4 und der Grundig-Radiorecorder – wir schleppten das ganze Zeug auf unseren Rücken und fühlten uns wie Soldaten
im vietnamesischen Dschungel. Wir stritten darüber oft, wer
die Guten und wer die Bösen waren. Es fiel uns schwer, uns
für die Amerikaner zu entscheiden, aber die Amerikaner
rauchten Camel ohne Filter, die wir liebten, und tranken Do-
senbier, das es bei uns nur bei Pewex für Devisen zu kaufen
gab. Und für die Kommunisten konnten wir uns weiß Gott
nicht erwärmen.

Der restlos überfüllte Linienbus stank nach Dieselabga-
sen. Er kam schwerfällig voran, wurde andauernd von Pkws
und Motorrädern überholt und brauchte an einer Bushalte-
stelle unheimlich viel Zeit, bis er wieder mit neuen Passagie-
ren losfahren konnte. Wir waren ungeduldig und zählten die
mühselig dahinschmelzenden Kilometer, die uns von unserem Glück trennten.

Mich beschäftigte nur eine einzige Frage: Ob sie wohl
noch da war? An meinem Kindheitssee? Hoffentlich ist mein
Mädchen nicht längst zu Hause, in Warschau oder Wrocław.
Aber mein Optimismus war grenzenlos, und ich demons-
trierte Stärke, indem ich meine besten und beeindruckends-

ten Waffen in den Kampf schickte. Ich erklärte Sylwester, wie man in der Wildnis mit wenig Aufwand überleben könnte. Als Angler und Sammler wäre ich sehr erfolgreich, sagte ich, und ob Blaubeeren, Reizker, Stein-, Butter- oder Birkenpilze, Plötzen oder wilde Honigwaben – ich kennte mich im Wald von Wipsowo und mit dem Angeln bestens aus, prahlte ich vor Sylwester, ich würde ihm jede Laune erfüllen, möge sie noch so ausgefallen sein, und einen besseren Trapper gäbe es nicht, sagte ich zum Schluss. Unsere finanziellen Mittel waren äußerst begrenzt, und wir mussten zur Not Frau Basias Kartoffeln vom Feld stehlen und jeden Tag angeln gehen. »Ich bin auch ein erfahrener Trapper«, sagte mein Freund. »Ich werde im Wald ein Reh schießen und es grillen…« – »Aber du hast das Schrotgewehr von deinem Alten nicht mitgenommen! Willst du das Vieh mit bloßen Händen fangen und erledigen?« – »Ich werde mir einen japanischen Schießbogen bauen! Keine Angst! Es findet sich eine Lösung!«

In Czerwonka, nach mehr als fünfzig Kilometern, mussten wir den Rest des Weges zu Fuß bewältigen. In der Hitze des Nachmittags gingen wir entlang der Eisenbahn, passierten Droszewo – das Dorf der Arbeiter, die in den Ställen des staatlichen Landwirtschaftsbetriebs Schweine mästeten –, bogen am Eisenbahnviadukt nach links ab und erreichten nach einer halben Stunde strammen Marsches ein Dorf namens Wilimy. Und all das in der schönen Mittagshitze! Wir schwitzten und hatten höllischen Durst.

Dort bei Wilimy begann der Forst von Wipsowo – und dort lag auch schon der See. Das größte Kaff an meinem Kindheitssee hieß Ramsowo, wo die Waldarbeiter lebten. Und wenn der Fischer, bei dem wir zelten wollten, an heißen Sommertagen nichts zu tun hatte, musste er den Feuerwehrturm hochklettern, von dem aus er Ausschau nach verdächtigen Rauchwolken über dem grünen Fichte-, Kiefern- und Birkenmeer hielt. Er hasste dies, denn er schlug seine Zeit am liebsten mit Biertrinken am Touristenkiosk tot, an dem er seine Kumpels traf und die Ehefrauen der Angler anbaggerte, oder er räucherte für die Urlauber Aale, die er nicht von der Fischerei stahl, sondern selbst fing. Jeder wusste, dass er ein erfolgreicher Wilderer war.

Und nachdem wir unser Zelt im Obstgarten seiner Frau Basia aufgeschlagen und unsere hundert Sachen verstaut hatten, brachte sie uns frisch gemolkene Kuhmilch und ein Kilo Äpfel und Birnen. »Nur etwas zu saufen müsst ihr euch selber besorgen«, lachte sie. In ihrem Mund strahlten uns riesige Löcher an, und es war uns ein Rätsel, wie der Fischer Romek, der mit Nachnamen so hieß wie der große jüdische Prophet Moses und selbst mit seinen fünfzig Jahren noch ganz passabel aussah – er hatte keinen Bierwanst –, in dieses Weibsstück verliebt sein konnte. Frau Basia war klein, pummelig und wusch sich wahrscheinlich so gut wie nie. Ihr blondes Haar klebte auf ihrem Schädel, wie wenn sie es mit Honig eingerieben hätte. Ich kannte sie noch von früher, als sie im Erholungszentrum Morena die Toiletten und die Küche des Speisesaals putzte, im Übrigen bis heute, wie mir schien.

*

Es war schon spät am Nachmittag, und sie war dort, wo ich sie vermutet hatte: Sie sonnte sich auf einem Hügel, in der Nähe der Erlen, nicht allzu weit entfernt vom Steg. Sie schenkte uns keinerlei Beachtung. Wir hatten uns am Badestrand ein militärisches Beobachtungslager eingerichtet, gingen schwimmen, hörten ein bisschen Musik und tranken Bier. Sylvester kam hin und wieder in die Nähe meiner violetten Giraffe, schaute sie einige Sekunden intensiv an, drehte sich auf der Ferse um und tat so, als würde er zum Beispiel zum Kiosk gehen, um Zigaretten oder Brot zu kaufen. All diese Annäherungsversuche geschahen in sicherer Entfernung, damit mein Mädchen nichts merkte.

Nach dem seltsamen Heranpirschen kam er immer wieder unentschlossen zu mir zurück. Er hatte die Auslosung gewonnen, die Frau gehörte ihm, und er sprach sie dennoch nicht an, verabredete sich nicht mit ihr. Warum?, fragte ich mich.

»Weißt du was? Sie gefällt mir nicht«, sagte mein Freund schließlich. »Wenn du willst, kannst du sie haben … So eine hässliche Krähe ist mir schon lange nicht mehr über den Weg gelaufen… Du bist ein guter Verlierer – dafür solltest du belohnt werden…«

Ich schaute ihn sprach- und ratlos an. Wie bitte?, dachte ich, was ist los?

Ich wusste, dass er mich anlog. Mein Mädchen, die langbeinige Leiter mit den zarten Sommersprossen im blauen Bikini, gefiel ihm ohne Zweifel, aber er musste allmählich gemerkt haben, dass er in Wahrheit der Verlierer war. Er kannte mich seit der ersten Klasse der Grundschule, wir hatten zusammen schon viele Kriege geführt, gewonnen und verloren; zum Beispiel waren wir letzten Sommer auf einer Seereise durch die großen masurischen Gewässer gewesen, waren zwei Wochen lang durch Śniardwy und Mamry gesegelt, und wir hatten einmal auf dieser Segeltour auf Befehl unseres Skippers gemeinsam und vollständig bekleidet in den Kanal von Węgorzewo springen müssen und waren nicht ertrunken, alle Segler hatten uns ausgelacht, und ein anderes Mal mussten wir unserem Skipper mitten in der Nacht eine Flasche Wodka besorgen, obwohl es weit und breit keinen einzigen Einkaufsladen und nicht einmal einen Kiosk gab, mitten in der masurischen Pampa. Und mein Freund hätte mich vor einem halben Jahr schon beinahe ins Jenseits befördert, denn im Winter schoss er gerne mit dem Schrotgewehr seines Vaters auf die hungrigen Raben. Er hielt diese Vögel für Reinkarnationen der Seelen von Mördern, weshalb man sie alle in die Hölle, woher sie kämen, zurückschicken müsse. Er traf mich zufällig in den rechten Arm, als ich mich in den Garten der Villa seiner Eltern eingeschlichen hatte, um ihn beim Ballern auf die Raben und Krähen zu überraschen. Er stand auf dem Balkon des Schlafzimmers und schoss auf alles, was sich im Garten bewegte. Später holte er dann die bleierne Kugel mit einer Pinzette aus meinem Fleisch heraus, und ich war dabei so tapfer gewesen wie die unsterblichen Helden in den sowjetischen Kriegsfilmen – ich hatte vor der Operation einen Wodka getrunken und mir zwischen die Zähne ein Holzlineal geschoben, um den Schmerz zu verkraften.

Sylwester würde mich jedenfalls niemals belügen, da war ich mir sicher, niemals. Wir wollten doch füreinander sterben.

Ich sagte: »Du willst sie nicht mehr? Wie soll ich das verstehen?«

»Hör auf, dir irgendwelche Gedanken zu machen, das ist sowieso nicht deine Stärke, ich bin fürs Denken und Austüfteln von Ideen zuständig. Dafür bist du ein sehr guter Liebhaber – du verliebst dich schneller und stärker als ich … In deinen Armen wird eine hässliche Pute und Krähe sofort zu einer Prinzessin, glaub's mir ... Also, geh! Geh zu deiner Puppe und mach sie glücklich!«

»Aber sie ist doch eine wunderschöne Giraffe, die sich die Augenlider violett schminkt ...«

»Geh los, sonst ändere ich noch meine Meinung!«

Ich warf mich auf meinen Freund, um ihn zu umarmen und ihm für seine Aufrichtigkeit mit einem Kuss auf die Stirn zu danken. Wir landeten auf dem heißen Sand und wälzten uns wie Hunde. »Ich werde für dich sterben«, schrie ich. »Ich werde für dich sterben! Und mein Haus ist dein Haus!« Den anderen Urlaubern gefiel unsere Vorstellung gar nicht, vor allen den Müttern mit den kleinen Kindern nicht – sie fühlten sich von uns massiv gestört und bedroht, aber das war uns egal.

Nach diesem Ringkampf sprangen wir wieder ins Wasser, um uns abzukühlen und zu waschen. Und als ich mich wenig später mit meinem T-Shirt abtrocknete, da ich kein Handtuch mitgenommen hatte, schaute ich kurz zu meinem Mädchen hinüber.

Meine Liebe, dachte ich, du weißt nicht, was gleich passieren wird, und beinah hättest du sogar den Falschen kennengelernt!

Sie lag auf einer Wolldecke auf dem Bauch, im Schutz der beiden Erlen, und las ein Buch und bewegte ihre langen Beine in der Luft hin und her. Jetzt war ich dran, und ich musste diese Prüfung bestehen, dieses Tor passieren – auf der anderen Seite war ich nämlich noch nie gewesen.

Ich sagte zu Sylwester: »Ich danke dir...«, und dann ging ich los. Ich machte mir Gedanken, wie ich die Frau ansprechen sollte. Mir fiel nichts Gescheites ein. Aber als ich mich neben meine Giraffe mit den Sommersprossen und violett geschminkten Augenlidern setzte, fragte ich sie ganz automatisch: »Was liest du?«

ARTUR BECKER ist ein Grenzgänger zwischen zwei Sprachen und Kulturen. Geboren 1968 als Sohn deutsch-polnischer Eltern in Bartoszyce, das früher einmal Bartenstein hieß, zieht Artur Becker mit siebzehn Jahren in die Bundesrepublik. Deutschland sei eben für viele polnische Auswanderer »die einfachste Lösung«, begründet er diesen Schritt. Doch er geht weiter. 1989 wechselt der junge Autor nicht nur die Sprache und beginnt, neben Lyrik auch Prosa und Essays zu schreiben. Fortan erscheinen alle seine Werke auch auf Deutsch. Schauplatz ihrer Handlungen, wie zum Beispiel in »Der Dadajsee« (1997) oder auch in seinem jüngsten, bei weissbooks erschienenen Roman »Der Lippenstift meiner Mutter« (2010) bleiben aber die Orte seiner Kindheit, die fernen Ufer des Dadajsees, mitten in Ermland-Masuren.

Alina Bronsky

RESET

Der Flug hatte fast eine Stunde Verspätung, der letzte Flug des Tages, Marie war es nicht anders gewohnt. Es war kurz nach zehn, fühlte sich aber bereits wie tiefste Nacht an. Vor dem Gate gähnten Geschäftsleute mit glasigen Augen. Marie senkte den Blick auf ihren Tablet-PC. Der Bildschirm war längst erloschen, Energiesparmodus, und sie hatte es nicht mal gemerkt. Sie schloss die Augen. Sie hatte sich noch nie so erschöpft gefühlt nach einem Meeting in der Geschäftszentrale, normalerweise kribbelte es noch lange freudig in ihren Fingerspitzen nach, aber nicht heute. Heute war sie einfach fertig.

Die Landung hatte sie verschlafen, die Stewardess hatte sie vorsichtig an der Schulter berührt. Marie warf sich die

Reisetasche über die Schulter und wunderte sich flüchtig, was darin das Leder so ausbeulen könnte. Sie packte auf Geschäftsreisen immer das Gleiche hinein: Smartphone, Tablet, Necessaire, Wäsche und Nylons, Pfefferspray, Aspirin, Kondome. Nichts Spitzes oder Kantiges. Aber zum Nachprüfen fehlte ihr die Kraft.

Der Tross der Passagiere zog geschlossen in Richtung Ausgang – keiner musste zum Gepäckband, alle waren mit Handgepäck gereist, und Marie dachte wehmütig, dass sie jetzt ein bisschen schneller laufen müsste, wenn sie nicht als letzte am Taxistand ankommen wollte, aber die Kniegelenke protestierten.

»Mein Schatz!« Sie lief an dem Mann vorbei, der wild winkte, wahrscheinlich jemandem, der genau hinter ihr war. Sie dachte kurz daran, dass es bestimmt zwei Leben her war, dass jemand sie am Flughafen abgeholt hatte. Inzwischen hatte sie sich nicht nur an das Alleinsein gewöhnt, sondern es auch lieben gelernt. Jetzt noch mit jemandem sprechen zu müssen, wäre die Folter gewesen.

Wahrscheinlich hatte sie schon Halluzinationen. Ihr war, als würde eine fremde Stimme hinter ihrem Rücken ihren Namen rufen, in der meistgehassten Koseform – »Mariechen!«

Sie drehte sich nicht um.

Und dann schrie sie los – jemand hatte sie von hinten hochgerissen, und sie brüllte schrill, trat um sich, umklammerte panisch die Reisetasche. Sicherheitsdienst, ging es mit einem verwischten Fragezeichen durch Maries Kopf, wo ist eigentlich die Flughafen-Security, da hatte sie bereits wieder den Boden unter den Füßen, ein nach Waschpulver duftendes Flanellhemd mit Knopfleiste ganz dicht vor der Nase, fremde Muskeln um sich herum und eine warme Hand auf der Frisur.

»Wir haben dich alle so vermisst!« Die Stimme des Mannes, unerträglich nah, kitzelte ihren Gehörgang.

»Sie haben sich geirrt.« Marie versuchte sich aus der Umarmung zu winden, vergeblich.

»Mein Spaßvögelchen.« Er löste den Klammergriff kurz, aber nur, um sie an den Schultern zu packen und auf den Mund zu küssen. Sie schmeckte überrascht die künstliche Süße des eigenen Lippenstifts, sah ganz dicht vor sich fremde, wie im Film romantisch geschlossene Augen, kurze helle Wimpern.

In Maries Schädel knackte es. Sie wusste selber nicht, warum sie es tat, aber plötzlich hörte sie auf zu protestieren. Sie dachte an ihre Arbeit, an das Meeting, an die Präsentation, an die bewegten Bilder, die sie an die Wände geworfen hatte, an die geöffneten Münder des Chefs und der Kollegen. Sie versank ganz in dieser Erinnerung, während der Mann sie durch die Flughafengänge zur Garage führte, und quietschte nur leise, als er ihr unterwegs die Reisetasche abnahm und sie über die eigene Schulter hängte. Mit der freien Hand hielt er Maries Finger fest, spielte an dem dicken Goldring, den sie sich neulich in Katar gekauft hatte und am Ringfinger trug und den alle für einen Ehering hielten. Sie glaubte jedenfalls, dass es Katar gewesen war, sie war so müde, und alles vermischte sich.

Der Mann holte einen Schlüsselbund aus der Tasche, an dem ein echter Schnuller als Anhänger baumelte. Nicht schlecht, dachte Marie, so etwas würde bei ihr ziemlich interessant aussehen, andererseits würde es der Chef vielleicht missverstehen, also lieber doch nicht.

Sie kletterte auf den Beifahrersitz des Minivans, der sie mit aufblinkenden Scheinwerfern begrüßt hatte. Schnallte sich an und drehte sich kurz nach hinten, um die Reisetasche zurückzuholen, die der Mann auf die Rückbank geworfen hatte. Drei Kindersitze in unterschiedlichen Größen, nicht schlecht. Sie dachte wieder an ihre Präsentation und hatte einen summenden Käfer vor Augen. Der Bug, darum war es die ganze Zeit gegangen. Eine Lösung musste her.

»Wie ist es gelaufen?«, fragte der Mann.

Marie zuckte mit den Schultern und sah aus dem Fenster.

»Gleich sind wir zu Hause. Gleich hast du es geschafft. Nächstes Mal sollen die zu uns kommen. Warum hast du immer den Stress?«

Marie sagte nichts. Die dichte Dunkelheit wurde immer wieder von Laternen durchlöchert. Im Auto roch es nach Fencheltee und saurer Milch.

»Wo geht's eigentlich hin?«, fragte sie gleichgültig.

Der Mann lächelte. »Du kennst diesen Weg nicht. Umgehung wegen einer Baustelle. Seit vorgestern. Aber wir sind gleich da. Müde?«

»JA!!«, brüllte Marie plötzlich. »NATÜRLICH!! Sieht man das nicht?!?«

»Meine Süße«, sagte der Mann gerührt. »Jetzt lass ich dich nie wieder gehen.«

Marie tastete erschrocken nach dem Pfefferspray in ihrer Tasche. Sie fuhr mit den Fingern über die Lederseite, suchte nach der vertrauten Rundung der Sprühdose, aber der Inhalt entzog sich ihren Fingern. Sie zog seufzend den Reißverschluss auf, steckte die Hand hinein und schrie wieder auf.

»Zentrale, bitte kommen!« In ihrer Hand blinkte ein grässliches, rotes, krächzendes Feuerwehrauto. »Verstärkung anfordern!«

Der Mann lächelte.

»Er hat doch schon so viele Autos«, sagte er zärtlich. »Aber er freut sich bestimmt riesig darüber. Ein Junge kann nie genug Autos haben. Und was hast du den Mädels mitgebracht?«

Marie antwortete nicht. Sie hatte plötzlich Angst, in ihrer Tasche nachzugucken. Sie standen jetzt an einer Ampel. Der Schnuller baumelte rhythmisch am Schlüsselbund.

Marie stöhnte leise und hielt den Kopf mit den Händen zusammen.

»Was hast du?«

Sie konnte sich nicht erinnern, dass irgendjemand in den letzten zehn Jahren so besorgt mit ihr gesprochen hatte. Außer ihrem Chef, und seine Nachfragen drehten sich um andere Dinge. Sie müssen den Fehler finden, Marie. Die Reklamationen treiben uns sonst in den Ruin.

»Kopfweh«, sagte Marie leise, nachdem der Mann seine Frage dreimal wiederholt und den Versuch unternommen hatte, ihr die Hand auf die Stirn zu legen. »Ich brauch eine Aspirin.« Aber sie zögerte noch, in plötzlicher Panik vor dem Inhalt ihrer eigenen Tasche.

»Das darfst du doch nicht in deinem Zustand«, sagte der Mann sanft, aber bestimmt. Marie wandte sich ab und schloss die Augen.

Sie öffnete sie wieder, als das Auto vor einer Einfahrt hielt. Sie hatte das Schild mit dem Ortsnamen verpasst. Es war eine Vorstadtsiedlung, weiße Häuser, großzügig angelegte Gärten, sie sah eine Schaukel und eine Rutsche hinter dem Zaun und einen Weihnachtskranz an der Eingangstür. Ihr Herz klopfte, der Schädel dröhnte, die Tasche lag mit dem halbgeöffneten Reißverschluss auf ihrem Schoß, grinste sie schief und bedrohlich an, und sie versuchte sich an einen wichtigen Gedanken zu klammern, der ihr gerade entwich. Ich bin Marie, flüsterte sie stumm, ich habe einen Doktortitel, ich bin 31 Jahre alt, habe mich vor einem Jahr sterilisieren lassen, meine letzte feste Beziehung liegt 5 Jahre zurück, sie war genauso grauenvoll wie die beiden davor, ich habe für nichts Zeit, ich bin der dritte Mann in unserer Firma, wir sind noch klein, wachsen aber rasant, mein Apartment hat Bambusparkett und eine Mikrowelle, ich liebe meinen Job, ich teste alle unsere Spiele selbst, nur diesen Bug im Programm, diesen Bug, hab ich ihn jetzt endlich gefunden oder nicht.

Der Mann hatte das Tor geöffnet, fuhr durch die Einfahrt, stieg aus, öffnete die Beifahrertür.

»Ich weiß, du hast schon die ganze Zeit auf diesen Moment gewartet«, sagte er.

Mit ihren drei Kindern spricht **ALINA BRONSKY** Russisch; ihre Bücher schreibt sie auf Deutsch. Das sei ihre »Arbeitssprache«, sagt sie. Aber sie schreibe sowieso nur, wenn ihr etwas einfalle, »beim Suppenkochen oder im Schlafanzug«. Sonst lasse sie es gleich bleiben. Diese Sätze könnten auch von den beiden Ich-Erzählerinnen ihrer zwei Romane stammen, die Alina Bronsky bislang veröffentlicht hat. Wie ihre Schöpferin sind sie Russinnen, die in Deutschland leben, dazu zwei überaus eigenwillige, starke und kluge Frauen mit enormer Selbstbehauptung, auch wenn die eine erst siebzehn (»Scherbenpark«) und die andere schon eine Großmutter (»Die schärfsten Gerichte der tartarischen Küche«) ist. Mit knapp dreizehn Jahren kam Alina Bronsky mit ihrer Familie nach Südhessen, wo sie noch heute lebt. Geboren wurde sie in Jekaterinburg, auf der anderen, der asiatischen Seite des Urals.

Urs Faes

COMA

Amrein geht mit schnellen Schritten zum Fenster; er will diesen Augenblick nicht verpassen; er will ihn aufnehmen und bewahren, wie all das, was in den vergangenen Wochen geschehen ist. Er muss das festhalten, um es nicht zu vergessen, um es selber zu glauben.

Er räumt auf dem Tisch die Papiere zusammen, die Krankengeschichte liegt zuunterst; sie ist aufgeschlagen auf der ersten Seite, das Eintrittsdatum, der Name, beide Vornamen, das Geburtsdatum, jung war er, sehr jung, ein junger Mann; im unteren Teil der Seite die Kurzfassung des Befundes. Amrein überfliegt sie, obwohl er sie längst auswendig kennt.

Amrein schaut auf die Uhr. Bald fünf Uhr. Kurz nach fünf werden sie kommen, durch den Haupteingang. Der Spitalpark liegt in spätnachmittäglicher Stille, auf den Kieswegen das erste Laub, zwei Männer in Morgenmänteln schieben Infusionsständer vor sich her; über der Stadt die Jurahänge, der Horizont als Streifen grauen Lichts.

Amrein presst die Stirn an die Scheibe; wieder sieht er nach der Uhr, drei nach fünf. Vielleicht werden sie aufgehalten, in ein Gespräch verwickelt, mit einem Arzt, mit einem Patienten.

Die Mutter erscheint als erste, sie trägt diesen halblangen Jupe, die ockerfarbene Bluse, die Jacke aus Samt, spitze Schuhe. Sie bleibt beim Eingang stehen, ihr Schatten fällt auf den dunklen Asphalt, sie schaut zurück zur Tür; die Handtasche, die von ihrer Schulter baumelt, ist aufgeklappt, Amrein erkennt einen bunten Kamm, eine Zeitschrift.

Die Mutter erschien auch damals als erste, an jenem Montagmorgen, als sie eintraten für das erste Gespräch. Amrein hatte die beiden kommen sehen auf dem schmalen Kiesweg zwischen den hohen Spitalgebäuden, die Mutter einige Schritte voraus; energisch drängte sie vorwärts, entschlossen; ein Flaggschiff, dachte Amrein, und erinnerte sich an die eigene Mutter, die auch immer vorausgegangen war, energisch und atemlos. Und so war sie auch gestorben.

Der Sohn folgte seiner Mutter, leicht zurück, leicht vornübergeneigt, den Blick zu Boden gerichtet, als suche er etwas, als sei ihm etwas zu Boden gefallen. Amrein eilte zur Tür, es war die Mutter, die da stand, hinter ihr, noch im Korridor, sehr zurück, der Sohn.

Mein Junge, erklärte sie, mein einziger, und der einzige Mann im Haus. Sie machte ein paar Schritte auf ihn zu, zog ihn leicht am Hemd, strich ihm über den Arm. Für einen Augenblick verharrten sie unbeweglich in diesem leeren Korridor, auch Amrein starrte wie gebannt zu ihnen hin, dann hieß er sie eintreten.

Er wies ihnen die Stühle an, setzte sich hinter sein Pult, klickte den Lichtspiegel an, legte die erste Aufnahme auf das Glas. Die Mutter, die sich gesetzt hatte, schnellte wieder auf, streckte den Arm aus, richtete den Finger direkt auf die Aufnahme.

So also, stammelte sie, so sieht das aus, das Computertomogramm, schrecklich.

Amrein gewahrte, wie ihre Hand zitterte, sie taumelte leicht, setzte sich wieder, den Arm noch immer ausgestreckt.

So also, wiederholte sie, stockte.

Der Junge saß daneben, breit hingelagert, hingefläzt im Stuhl, die langen Beine weit von sich gestreckt, den Blick gesenkt, als ginge ihn das alles nichts an.

Amrein wandte sich der Aufnahme zu, deutete mit dem Finger auf das Zentrum, eine kleine, rötlich eingefärbte Fläche, eine Schraffur, die er mehrmals umkreiste.

Mittlere Aggressivität, hielt Amrein mit ruhiger Stimme fest. Die Lage im unteren Darmbereich sei für die Operation gut zugänglich, allerdings sei eine vorausgehende Bestrahlung unabdingbar, um die optimale Voraussetzungen für die Operation zu schaffen, angesichts der Größe des Tumors –

Das also –

Die Frau war erneut aufgestanden, näherte sich nochmals dem Schaubild, als wollte sie es beseitigen.

Das also, sie stockte, das ist es –

Amrein wich der Frau aus, trat zur Seite; der Sohn war reglos sitzengeblieben. Die Mutter trat jetzt an ihn heran, tippte mit der Hand auf seine Schulter.

Siehst du, sagte sie.

Der Jüngling nickte.

Dann wandte sie sich an Amrein.

Und was haben wir noch zu gewärtigen?

Amrein schluckte, wies auf die kleinen roten Pünktchen im Schaubild.

Erste Metastasen, erklärte er, auf der Leber, auch ein Lymphknoten ist befallen –

Die Mutter, die noch immer aufrecht dastand, war jetzt bleich geworden, sie zitterte am ganzen Leib, verschränkte die Arme, drehte sich um die eigene Achse.

Das ist ein Todesurteil, stieß sie heraus, schüttelte sich.

Erstmals regte sich der Junge, wandte sich ihr zu, hob

45

leicht die Hand, wartete, bis sie ruhiger wurde, flüsterte ihr etwas zu.

Amrein erläuterte die vorgesehenen Therapien, zeigte auf einem andern Schaubild das Bestrahlungsfeld, nannte die Dosismengen und die möglichen Wirkungen und Nebenwirkungen der Bestrahlung.

Beide, die Mutter und ihr Sohn, hörten zu, nickten ab und zu, wurden stiller mit dem Aufzählen jeder neuen möglichen Nebenwirkung. Als Amrein seine Ausführungen beendet hatte, war es für einen Augenblick still im Raum; von draußen das Scheppern von Geschirr, Schritte, Stimmen.

Und was wird werden?

Die Stimme der Frau klang jetzt sehr ruhig, beinah abgeklärt; und mit ruhigen Augen musterte sie Amrein.

Wir möchten wissen –

Sie brach ab.

Ich verstehe Ihre Ängste, Amrein hob die Hand, doch Prognosen sind schwer zu machen, jeder Verlauf ist wieder anders, unerwartete Wendungen kommen vor, mitunter auch solche, die an Wunder grenzen, doch –

Er unterbrach sich, schlug die Beine übereinander, redete dann weiter.

Wir gehen pragmatisch vor, zuerst die Bestrahlung, fünf Fraktionen die Woche, kleine Dosismengen von etwa zwei Gray, während fünf bis sechs Wochen, dann, falls möglich, die Operation. Danach sehen wir weiter.

Aber es muss doch etwas geschehen, warf sie ein, laut, aufgebracht, beinah wütend, er ist der einzige Sohn, schon mein Mann –

Sie machte unvermittelt eine Pause, flüsterte dann:

Ich habe nur ihn, ich will ihn nicht auch verlieren.

Der Junge fuhr ihr über den Arm, sie hielt einen Augenblick inne, wandte sich wieder an Amrein.

Es muss etwas geschehen, etwas Außerordentliches, wieder zögerte sie, etwas Ungewöhnliches, etwas –

Wieder verstummte sie, barg das Gesicht in den Händen. Der Junge saß reglos im Stuhl, ergeben.

Amrein ging auf die beiden zu.

Wir halten uns an das Messbare, unsere Methoden sind auf dem neusten Stand der Technik, in der Radioonkologie besonders, wir erzielen immer wieder außerordentliche Resultate, Menschen werden geheilt. Wir gehen Schritt für Schritt vor, vieles ist möglich, aber nicht alles.

Amrein zögerte. Raum für Hoffnung, für Heilung besteht immer, auch in schweren Fällen. Wir werden tun, was möglich ist, das verspreche ich Ihnen.

Er reichte der Mutter die Hand.

Sie erhob sich langsam, wandte sich dem Jungen zu, sah ihn an, ihr Gesicht schien jetzt sonderbar gelöst, für einen Augenblick beinahe heiter.

Amrein war irritiert.

Du wirst gesund, sagte sie zu dem Jungen, ich weiß das, ganz bestimmt weiß ich das.

Ich nicht.

Die Worte durchzuckten Amrein, rutschten ihm beinahe heraus, trotzig. Er bereute es gleich. Rasch nickte er der Mutter zu.

Schon bald zehn nach fünf. Wieder späht Amrein zum Eingang hinunter; die Mutter tritt von einem Fuß auf den andern, ihr Blick ist unverwandt zur Tür gewandt, Ausschau haltend. Mit einer heftigen Armbewegung winkt sie Richtung Schwingtür, so heftig, als müsste sie eine ganze Schar herbeiwinken, herbeibeschwören, doch endlich zu kommen, sie nicht warten zu lassen. Amrein hält die Papiere in der Hand, versucht zu lesen. Vergeblich. Mit leichter Ungeduld lugt er jetzt durch das Fenster in diesen späten Nachmittag hinaus. Noch immer winkt die Frau zum Eingang hinüber, mal heftig, dann wieder mit sanften Bewegungen.

Auch damals, nach dem ersten Gespräch, hatte Amrein aus dem Fenster geschaut, die Mutter und den Sohn beobachtet, wie sie langsam über den Kiesweg schritten, sich auf eine Bank setzten; sie schienen kaum zu sprechen, ihre Gesichter wirkten angespannt, aber das der Frau seltsamerweise, jetzt im Weggehen, auch gelöst, fast heiter. Oder bildete er sich das nur ein?

Amrein konnte sich von dem Anblick nicht lösen, das Bild dieser seltsamen Verbundenheit von Mutter und Sohn befremdete ihn.

Neun Wochen war das her.

Der Junge hatte auf die Bestrahlung gut angesprochen, kaum Nebenwirkungen, nicht mal Strahlenkater. Trotz der tiefen Dosismenge war es gelungen, das Karzinom einzugrenzen und danach die Operation durchzuführen. Erst im Verlaufe der Operation, genau genommen danach, ein paar Stunden später, die unerwarteten Blutungen, der Patient fiel ins Koma.

Der Patient, den er betreute, im Koma.

Amrein war in die Klinik geeilt, noch bevor sein Dienst begann. Der Junge im Koma. Aber er dachte eigentlich eher an die Mutter. Ihr Sohn im Koma. Ihr einziger.

Sie fand ihn schlafend.

Der Chef orientierte Amrein, händigte ihm den Operationsbericht aus, hoffte, der komatöse Zustand ließe sich aufheben, der Patient würde aus diesem Schlaf neben dem Leben wieder auftauchen. Der Chef sagte »neben dem Leben«, als sei der Patient nur ein wenig nebenan, im Nebel. Amrein schüttelte den Kopf. Ein zu schönes Wort für einen Schlaf, der vielleicht kein Erwachen kennen würde. In den meisten

49

Fällen. Den allermeisten. Nur manchmal erwachte einer wieder. Aber selten.

Amrein las den Operationsbericht. Da klang alles nach einem routinemäßigen Verlauf. Schnittstellen, etwas knapp, aber akzeptabel. Gewebeentnahme. Lymphknotenentfernung. Dr. Bremer war ein geübter Chirurg, der beste, den sie hatten. Das Protokoll verriet die Routine eines alltäglichen Verlaufs. Bis auf die Blutungen, das Unvorhergesehene, das sich in die Arbeit legte, sie durchkreuzte, gerade da, wo sie es nicht erwarteten. Aber sie hatten mit diesem Unvorhergesehenen zu rechnen, auch in der Chirurgie, selbst in Radioonkologie, wo sie so stolz waren auf die Zielgenauigkeit ihrer Teilchenbeschleuniger.

Warum ein Zwischenfall, gerade bei diesem Jungen?

Amrein schnippte mit den Fingern, möchte seinen Ärger wegschnippen. Schlafend. Was hieß das schon? Kaum ein Ausschlag auf dem Pulsmesser. Die grüne Linie schon bewegungslos? Neben dem Leben? Lächerlich, flüsterte Amrein sich zu, nicht neben dem Leben, sondern danach. Zu spät. Das weiß er, das kennt er. Er ist Arzt, Naturwissenschaftler. Der sich an die Fakten hält, die messbaren Indikatoren, Tabellen und Tomogramme. Erfahrungswerte. Ein Karzinom im Magen-Darm-Bereich endete oft tödlich, es war, vom Verlauf her gesehen, unberechenbar, rasch organübergreifend, leicht metastasierend.

Das Koma, das Warten.

Amrein stand am Fenster zur Intensivstation, sah ihn liegen, den Jüngling, schlafend, die Kurve flach. Amrein hob beide Hände gegen das Glas, drückte die Fingerkuppen an, bis die Nägel sich weiß verfärbten. Nichts tun. Er schloss die Augen, wandte sich ab.

Da saß sie, den Oberkörper leicht vorgeneigt, das Gesicht gesenkt, Anspannung bemerkte er darin, aber auch etwas, das ihm wie ein Gelassensein vorkam, als hätte sie schon aufgegeben, sich ins Unabänderliche gefügt.

Amrein ging langsam auf sie zu.

Sie sah kurz auf, schaute ihm in die Augen.

Er wird es schaffen.

Ihre Stimme klang trocken, trotzig.

Amrein nickte. Wider Willen. Sah jetzt das Buch in ihrer Hand, eine Dünndruckausgabe, mit Lesezeichen. Sie hielt es so, als wollte sie es ihm reichen oder zeigen, leicht demonstrativ kam es ihm vor, beschwörend.

Dachte er.

Er drückte ihr die Hand. Etwas Außergewöhnliches, flüsterte sie, es muss geschehen.

Sie machte eine Pause, schlug die Augen nieder. Es wird geschehen, fügte sie an, es muss, ich weiß das.

Wieder nickte Amrein wider Willen. Er drückte ihr nochmals die Hand, wendete sich rasch ab, kehrte in sein Büro zurück. Seine Hände schoben die CT-Aufnahmen auseinander, er las nochmals im Operationsbericht. Das Karzinom war auf fortgeschrittener Stufe gewesen, T4, bereits organübergreifend. Kein Wunder, dass die Operation schwierig gewesen war und Komplikationen nach sich zog, das war doch, wenn er es nun bedachte, eher die Regel in einem solchen Fall als die Ausnahme, selbst bei einem erfahrenen Chirurgen wie Dr. Bremer. Voraussehbar schwierig, würde der Chef sagen, aber nicht unmöglich. Er würde auf die Statistik verweisen, die Sterblichkeitsrate bei dieser Symptomlage war hoch, weit über siebzig Prozent. Aber sie versuchten es, trotz allem, oft gelang es.

Die Zahlen waren genau, die Messwerte unbestechlich: Dosis-Volumen-Diagramme, Rezidivstatistiken, Exituslisten. Da blieb kein Raum für Spekulationen und für jene Wunderdinge, die in Märchen sich ereigneten. Sie waren Ärzte, Kinder liebten Märchen. Gleich dreimal hatte er der kleinen Marie das Märchen von der Bauerntochter, die Königin wurde und ihr Kind an Rumpelstilz verlor, erzählen müssen. Und sie patschte jedesmal wieder die Hände zusammen, wenn sie hörte, auf welch wundersame Weise die Königin den Namen von Rumpelstilz erfahren und ihr Kind damit gerettet hatte. Noch einmal, bat sie, auch nach der dritten Erzählrunde.

Du kennst es doch jetzt, hatte Amrein gesagt.

Noch einmal, bettelte die Kleine.

Amrein hatte ein anderes Märchen zu erzählen angefangen, aber das hatte sie nicht hören wollen.

Noch einmal Rumpelstilz, quengelte die Kleine.

Im Spital war kein Rumpelstilz, die Namen waren bekannt, die Risiken auch, die Apparate in der technischen Perfektion hochmoderner Geräte.

Aber manchmal gab es einen Zwischenfall. Blutungen. Amrein eilte wieder durch den Flur zur Intensivstation. Die Mutter war nicht mehr da. Amrein war erleichtert. Er näherte sich der Scheibe, starrte ins Halbdunkel des Raumes. Die aufsichtführende Schwester saß leicht abgewandt, sie winkte ihm zu, bedeutete ihm mit wilden Gesten nicht einzutreten, zu warten, draußen.

Dann erst entdeckte er die Mutter am Bette, über den Schlafenden gebeugt, der sich nicht rührte. Und noch einer dabei. Ein Freund? Amrein äugte ins Halbdunkel. Es könnte Dr. Funk sein. Oder ein Betreuer? Er neigte sich ebenfalls über den Liegenden, bewegte die Lippen, als spräche er auf ihn ein, den Jüngling im Schlaf.

Amrein wandte sich ab.

Ein ungewöhnlicher überraschender Verlauf, erklärte der Chef im Frührapport am nächsten Tag, die Blutungen hätten aufgehört, der Patient sei mit gutem Puls erwacht und kehre in einigen Tagen zurück auf die Station, die Bauchfellentzündung bedeute keine unmittelbare Gefahr. Falls die Wunde sich beruhigen und nicht weitere Metastasen auftreten würden, könne auch dieser Patient es schaffen, für einige Monate, vielleicht gar für ein Jahr.

Wir wünschen es ihm.

Der Chef schien an diesem Morgen guter Laune, er nickte Amrein zu.

Amrein besuchte den Patienten täglich. Er sprach kaum. Auf dem Nachttisch lag das Buch, Dünndruckausgabe mit Lesezeichen. Und einmal war auch dieses Medaillon da: Sankt Peregrinus. Amrein kannte die Geschichte vom Mönch, der im 13. Jahrhundert, laut Überlieferung, auf wundersame Weise von einer tödlichen Krebserkrankung geheilt worden war und seither als Schutzheiliger der Krebskranken verehrt wurde. Es war nicht das erste Mal, dass dieses Medaillon in einem Krankenzimmer auftauchte, genauso wie vierblättrige Kleeblätter und andere Glücksbringer.

Amrein schüttelte den Kopf, unmerklich, auch diesmal. Von Glückschweinchen und Bleigießen hielt er so wenig wie vom momentanen Trend, Krebs mit Rohkostdiät zu bekämpfen, mit Schöllkrautextrakten, Aprikosenkernen oder Petroleumdestillat. Alles gut gemeint, ja.

Nicht kommentieren, hämmerte der Chef ihnen ein.

Der Mutter begegnete Amrein erst zwei oder drei Wochen später, als sich die Wende schon abzeichnete.

Der Chef hatte an einem speziell einberufenen Abteilungsrapport, in Anwesenheit des vollzähligen Tumorboards, ausführlich über den ersten Fall einer Spontanremission referiert. Er hatte nicht nur das Eintreten von Spontanremissionen bei schweren Krebserkrankungen statistisch aufbereitet und damit deren Außerordentlichkeit unterstrichen, sondern auch die möglichen medizinischen Erklärungen dafür zu nennen versucht, er brachte die wichtigsten zur Sprache.

So erwähnte er, mit Blick auf den jungen Mann, die postoperativ aufgetretene Bauchfellentzündung. Sie führe zu einer infektionsbedingten Zytokinfreisetzung und bewirke, führte der Chef aus, zu einer Immunaktivierung mit entzündlicher Zerstörung tumorkranker Zellen und damit zur Heilung. Vielleicht sei das hier eingetreten, einiges verweise auf diesen verwunderlichen Verlauf, auch wenn sich das nicht mit medizinischen Gründen sagen lasse, leider. Es gebe zudem noch andere Möglichkeiten, die zu solch erstaunlichen und, auch für jeden Arzt, das müsse er zugeben, verblüffenden spontanen Heilung führen könne. Er wolle sie hier nur aufzählen. Er erwähnte die unvermittelt eintretende Gefäßbildungshemmung, die sogenannte Angiogenese-Inhibition, die bewirke, dass ein Tumor in seinem Wachstum gedämmt, ihm Einhalt geboten würde. Das sei auch bei der noch schwieriger zu erklärenden Zellteilungshemmung, der

Telomerase-Inhibition, der Fall. Und er gab zu, dass Spontanremissionen in hoffnungslos scheinenden Fällen wie dem des
Jünglings, er sagte jetzt »unseres Jünglings«, medizinisch
noch kaum erschöpfend erklärt werden könnten, da sie ja
eben nicht, wie er ungern zugebe, einer medizinischen Maß-
nahme zugeschrieben werden könnten, sondern eine körper-
eigene Reaktion darstellten. Dennoch verdienten sie in der
Onkologie mehr Aufmerksamkeit, da sie ein natürliches Modell biologischer Tumorkontrolle darstellen könnten. Ein in
Aussicht gestellter Kongress zu diesem Thema sei sehr zu
begrüßen und jedem zu empfehlen. Die hiesige Klinik hätte
mit dem Jüngling nun ein Spontanremissionsbeispiel, das
sich sehen lassen dürfe und das man auf alle Fälle internati-
onal darstellen wolle, was gewiss nicht ohne Echo bleiben
werde, für sie alle.

Amrein stimmte nicht in den Applaus für den Chef ein.
Seine Hände klatschten nicht, sie zitterten; er verließ flucht-
artig den Saal. Auf einem der Korridore, die er durchhielte,
traf er auf die Mutter. Er konnte ihr nicht ausweichen. Sie
trug ein helles Kleid, das ihm ebenso unpassend vorkam wie
der weite Ausschnitt. Auch ihr Lachen berührte ihn seltsam.
Sie wollte seine Ausführungen zu Spontanremissionen nicht
hören. Ich habe dafür mein eigenes Wort, betonte sie, und
das lasse ich mir nicht nehmen, auch von Ihnen nicht, Herr
Dr. Amrein. Und ich werde, fügte sie an, und das klang wie

eine Drohung, in allen Landen verkünden, was meinem Sohn geschehen ist. Fast mechanisch tippte sie auf das Buch, das sie jetzt wieder in ihren Händen hielt. Ich freue mich, übernächste Woche meinen Sohn abzuholen; er ist mein einziger, Sie wissen es, es wird ein Montag sein, der gleiche Wochentag, an dem er hier eingetreten ist, als einer, der dem Tod geweiht schien und jetzt ins Leben zurückkehrt.

Amrein tippt den Kalenderzettel an, Montag, er reißt ihn ab, steckt ihn in die Jackentasche seiner Berufsschürze. Dann lehnt er sich noch einmal zum Fenster hinaus. Die Frau hat aufgehört zu winken, für einen Moment blickt sie hoch, als hätte sie ihn da oben entdeckt. Dann huscht unvermittelt ein Lächeln über ihr Gesicht. Der Schatten einer schmalen Gestalt fliegt ihr entgegen, vereinigt sich mit ihrem Schatten.

Amrein schließt die Augen, schließt das Fenster.

Er denkt an die kleine Marie, welche begeistert die Hände zusammenpatschte, als die Königin das Rätsel lösen konnte.

Als Amrein die Augen wieder öffnet, sind die fliehenden Schatten der beiden Gestalten verschwunden. Auf dem Kiesweg unter den Platanen entdeckt er zwei Krankenschwestern; die eine schluchzt heftig, die andere lehnt sich eng an sie, hat den Arm um ihre Schulter gelegt.

Amreins Blick schweift über den Park, über die Stadt hinweg zu den Jurahügeln empor. Der Horizont schneidet eine schwarze Linie ins satte Blau des Himmels, an dem fliegende Wolken ziehen, welche ein Wind aufreißt, sie zerfiedert, wie ein flockendes Laken. Hinter dem Horizont scheint sich etwas zu bewegen, das noch verborgen, aber unzweifelhaft da ist, ein Unwetter vielleicht.

Amrein nickt in den Park hinaus, den Hügeln zu, lächelt.

Selbst auf seiner eigenen Homepage ist wenig über ihn zu erfahren: **URS FAES,** geboren 1947 in Aarau, Dr. phil., lebt als freier Schriftsteller in Zürich und in Umbrien. Keine privaten Angaben. Von der Schwierigkeit, wenn nicht vom Scheitern der Liebe handeln gleich mehrere seiner Bücher. So schildert sein jüngstes Werk »Paarbildung« (Suhrkamp, 2010) die Wiederbegegnung zweier Liebender, die sich seit vielen Jahren aus den Augen verloren haben. Er ist inzwischen Gesprächstherapeut auf einer onkologischen Station, sie eine Krebspatientin, die sich einer Strahlenbehandlung unterziehen muss. Eine Annäherung auf Leben und Tod, und das an einem Ort, an dem nur selten Wunder geschehen, aber nicht ausgeschlossen sind.

Eleonore Frey

FERDINAND FRAGT

In Paris, beim Früchte-Gemüsehändler, türmt sich neben der Kasse ein Berg von Kirschen auf, den der Verkäufer ständig weiter abgräbt; an einer bereits überhängenden Wand, die mir für einen Augenblick das rote Meer vormacht, wie Gott es spaltete, als er seinem erwählten Volk den Weg ins gelobte Land bahnte. Das denke ich, sage es aber nicht, da ich den Mann, der mir jetzt meine Kirschen auf eine Schaufel lädt und im Papiersack verpackt, nicht an eine für sein Volk derartig verheerende Episode erinnern möchte. Denn seine Vorfahren gehören, wenn nicht geradezu zu den damals vom gerechten Gott so unbarmherzig ersäuften Ägyptern, so doch im weiteren Rahmen zu jener arabischen Welt, die jetzt mehr als je mit den ihnen so nah verwandten Israeliten im Krieg liegt.

Der Berg wird einstürzen!, sage ich ihm stattdessen. Aber nein, Madame, das ist Architektur!, sagt er und scheidet damit das Wunder von der Kunst, das Unbegreifliche von der wenn auch dem Laien, so doch nicht dem Fachmann unverständlichen Technik. Nicht ohne einen schrägen Blick auf sein Werk zu werfen allerdings: eine rotschwarze Mauer, die dasteht, als ob sie nächstens in einem schwärzlich roten Schwall den Tisch, auf dem sie steht, überschwemmen müsste.

Als Kind war mir das Wunder vom roten Meer nicht nur wunderbar, sondern auch bedenklich: Moses, der – von Gott dazu angestiftet – seinen Stab erhob, seine Rechte übers Meer reckte und es mitten durch teilte, so dass er mit seinem Volk trockenen Fußes ans andere Ufer gelangen konnte; die Wassermauern links und rechts: Wie sie sich wohl anfassten? Das versuchte ich zu klären, indem ich beim Baden im Meer sorgfältig eine Welle streichelte. Aber das war es nicht. Die stand nicht still, war nicht zu der Gallerte geronnen, als die ich mir die Wälle dachte, zwischen denen das der Knechtschaft entrinnende Israel auf seiner Flucht hindurchzog. Die Gallerte erinnert mich an die in Glas – oder auch in Plexiglas – eingegossenen Seesterne, Seepferdchen und dergleichen, mit denen man auf Kosten des für Nützlicheres benötigten Platzes Schreibtische und Bücherregale zu schmücken pflegt: Ob wohl damals im roten Meer irgendwie so die lebendigen Fische in ihrem sich selber entfremdeten Element feststeckten?

Ob sie dabei wohl ersticken mussten? Und die Kreaturen, die auf den plötzlich entblößten Grund gefallen oder dort liegen geblieben waren? Die sich nicht mehr hatten retten können vor den Schritten, die sie in den Schlamm traten? Quallen, Schnecken, Taschenkrebse sehe ich vor mir; zerquetscht, zermalmt. Ein Inbegriff der Zerstörung macht sich breit – noch leise zappelnd das alles, da und dort, während beim nächsten Streich des gerechten Gottes die Todeskämpfe der von den auf einen Schlag sich wieder verflüssigenden Mauern jäh überwältigten Ägypter sich im Verborgenen abspielten, nachdem sich das Meer über ihnen geglättet und das Geschrei der willenlos hinter ihrem Führer ins Unglück marschierenden Opfer erstickt hatte.

Eben hat mir jemand berichtet, dass einer von denen, die den Wundern um jeden Preis eine rationale Erklärung verpassen wollen, die Teilung des roten Meers mit einem Tsunami erklärt habe. Ein neues Wort für eine alte Sache? Auch nach dieser ohnehin nicht sehr überzeugenden Einordnung in den natürlichen Gang der Dinge gibt es noch Wunder genug. Nur schon das präzis nach der Ankunft der Ägypter sich richtende Timing der zurückrollenden Flutwelle lässt auf einen übernatürlichen Veranstalter schließen; ganz abgesehen von der doch eine ganze Weile andauernden Trockenlegung des Meeresbodens, die, so viel ich weiß, bei einem Tsunami noch nie beobachtet worden ist. Wie immer:

Derartige Anstrengungen der sogenannten gesunden Vernunft könnten unterbleiben, wenn es nach mir ginge. Als ich ein Kind war, lag das rote Meer im Märchenland. Dort herrschten im Umgang mit dem Bösen ähnlich unzimperliche Sitten wie in der Bibel, wenn es auch nicht Gott selber war, der die Bestrafung der Übeltäter in die Hand nahm. Glaubst du das?, mag mich schon damals im Hinblick auf die mir so überaus lieben abstrusen Geschichten gelegentlich jemand gefragt haben; zum Beispiel in dem Fall, wo einem Geköpften der abgeschlagene Kopf wieder aufgesetzt wurde, aber verkehrt, so dass er gleich noch einmal abgeschlagen werden und dann von Neuem, jetzt mit dem Gesicht nach vorn, befestigt werden musste. Das wurde freilich nicht ein Wunder genannt, sondern es war einfach so und musste so sein. Was ist denn ein Wunder?, fragt mich einer der Enkel, die ich mir zu erfinden pflege, wenn mich einmal der Mangel an Enkeln empfindlich stört. Nennen wir ihn Ferdinand und nehmen wir an, er habe genau das richtige Alter für das Gespräch, das nun folgt:

Wenn der Glaube einen Berg versetzt, gebe ich ihm zur Antwort. Was ihn zuerst verblüfft und dann zum Nachdenken bringt: Welchen Berg?, fragt er dann. Das Matterhorn, sage ich. Wohin?, will Ferdinand dann wissen. In den Himmel, möchte ich sagen, entscheide mich dann aber für die Auskunft: Wo es niemandem im Weg ist. In die Wüste vielleicht?, schlägt er vor. Dort schmilzt der Schnee, schmilzt das Eis, gebe ich ihm zu bedenken. Und wenn das weg ist, ist das Matterhorn nicht mehr es selber, sondern… Ich weiß auch nicht, was es dann ist. Aber Ferdinand hat es bereits mit dem Vorschlag: Oder als Insel ins Eismeer? bis auf Weiteres gerettet. Das passt, sage ich, sehr zufrieden mit dieser Lösung. Ein spitzer Berg gleich neben Spitzbergen, sage ich; höher als alle andern, die dort stehen – so hoch, dass die Winde einen Umweg um ihn herum machen oder sich teilen müssen, wenn sie vom Nordpol gegen Süden fegen. Das gibt's nicht, sagt Ferdinand, wie ich ihm zu erklären versuche, dass man vom Nordpol aus keinen Hauch und keinen Schritt tun kann, der nicht südwärts führt, und lehnt damit genau das ab, was an der Angelegenheit einzig wahr ist. Und überhaupt, sagt er, dem schon längst Zweifel gekommen sind, wenn nicht am Glauben schlechthin, so doch an einem, der Berge versetzt als wären sie Grenzsteine oder derartiges… das Grenzsteinversetzen, das ja, wie man aus Gespenstersagen weiß, ein Verbrechen ist, das die Schuldigen ihre Grabesruhe kostet, und damit ganz sicher nicht zu den Glaubenssachen zu zählen ist, sondern… Doch, sage ich, das mit dem Nordpol ist so, und nehme mir vor, Ferdinand auf den nächsten Geburtstag einen Globus zu schenken, damit er wenigstens den rundum von Süden umgebenen Nordpol mit eigenen Augen sehen kann, wo ich ihm ja die Versetzung des Matterhorns nicht nur nicht zeigen, sondern auch nicht einmal überzeugend einreden konnte.

Wie kamen wir bloß zum Nordpol?, frage ich nach einer Weile. Ich wollte wissen, was ein Wunder ist, sagt Ferdinand, der sich nicht so leicht abbringen lässt von dem, was er sich einmal vorgenommen hat. Wenn der Glaube einen Berg versetzt, sei das eins, hast du gesagt. Richtig, sage ich und denke, dass das eine schlechte Idee war. Noch hat Ferdinand nicht gefragt, wie der Glaube das macht und wer oder was überhaupt dieser Glaube ist. Und was soll ich ihm dann sagen, wo ich das selber nicht weiß, und wo doch irgend etwas in mir – so etwas wie der Respekt vor denen, die ihn haben – es mir verbietet, schlicht weiter zu flunkern, bis der Glaube dem Riesen Atlas ähnlich sieht, der den Himmel auf seinen Schultern trägt. Oder eher... Ganz abgesehen davon, dass das Matterhorn wohl doch besser bleibt, wo es ist, damit nicht, wenn man einmal erkannt hat, dass man den Standort der Berge nicht als unveränderlich hinzunehmen braucht, ein Hin- und Herschieben der Berge anfängt, in dem schließlich kein Stein mehr auf dem andern bleibt. Sozusagen ein Krieg wäre das dann, ein Glaubenskrieg... Ach Gott, denke ich, wie oft wir das schon hatten; im Namen desjenigen Gottes, der nicht nur die Ägypter ertränkt, sondern auch Sodom und Gomorrha zerstört und die Sintflut auf die Erde geschickt hat in seinem gerechten Zorn.

Da ich aber annehme, dass Ferdinand sich weder für Religionsgeschichte noch für Theologie interessiert, versuche ich es anders: Ich sehe jeden Tag ein Wunder; mehrere Wunder, Wunder soviel du willst, sage ich, und dann, wie ich sehe, dass sich mein Enkel nun doch zu wundern anfängt; wenn nicht über ein Wunder, so doch über seine wunderliche Großmutter: Nur schon ein Auto ist mir eins, sage ich, wo ich keine Ahnung habe, wie das funktioniert. Oder meine Armbanduhr, sage ich weiter, die nicht mehr eine ist von denen, die man aufziehen kann, damit sich die Rädchen drehen; in der richtigen Richtung, im richtigen Takt, sondern etwas ganz und gar Unbegreifliches mit einem Chip drin und einer Batterie, sage ich und sehe zu meiner Überraschung, dass Ferdinand mit einem Schlag ein paar Jahre älter geworden ist und versucht, meinen völlig verfehlten Wunderglauben dadurch zu heilen, dass er mich im Verständnis der alltäglichen Dinge soweit unterweist, dass sie mir kein Wunder mehr sind, sondern eine Selbstverständlichkeit, über die sich höchstens ein Marsmensch noch wundern könnte. Ein Wunder ist also, was man nicht versteht?, sagt er, nachdem er allem Anschein nach erfolgreich das seine zur Beantwortung der Frage beigetragen hat. Worauf ich gleich einsehe, dass ich auch mit diesem Versuch bereits wieder auf einen Irrweg geraten bin. Eigentlich wollte ich ja weder vom Auto reden, noch von der Uhr. Sondern:

Als ich einmal im Februar die Zürichbergstraße hinab-
ging, platzte vor meinen Füßen plötzlich lautlos der Asphalt,
und aus dem Riss wuchsen, eine dicht sich an die andere
drängend, Primeln heraus; gelbe Primeln, wie die wilden, die
ich im Tessin in den Kastanienwäldern gesehen habe, sage
ich dann. Laut ohne mich zu schämen, sage ich das. Und warum soll ich mich schämen? Denn genau das habe ich gesehen
an jenem Februartag, und dass die Primeln, um die ich, um
sie nicht zu zertreten, sorgfältig einen Bogen machte, eigentlich gar nicht da waren, tat nichts zur Sache; wenigstens nicht
für mich, die ich glücklich weiterging. So glücklich, als hätte
ich wirklich gesehen, was ich zu sehen glaubte. Nein, nicht als
ob, denn ich habe es wirklich gesehen, wenn es auch nicht
wirklich da war, sondern mir lediglich als eine Fata Morgana
vor Augen hing. Was mich an das Wunder erinnert, das in
jenem Tal im Tessin, das damals unser Tal war, geschah an
einem Freitag dem 13., den Monat habe ich vergessen, als
einem Wanderer auf offener Straße die heilige Mutter Gottes
begegnete; ganz unzweifelhaft, denn er hatte sie fotografiert
und mit einem glorios ausstrahlenden Lichtklecks auf seinem
Bild die Glaubwürdigkeit des Ereignisses ein für alle Mal bewiesen. Wenn auch nicht mir, so doch den Hunderten, Tau-
senden, die seither an jedem Freitag dem 13. in jenes Tal pil-
gerten, motorisiert versteht sich, und uns Lärm und dem
Gastwirt in der Nähe einen beträchtlichen Gewinn brachte.

Ferdinand hört nicht mehr zu. Das mit den nicht vorhandenen und doch anwesenden Primeln oder Gottesmüttern ist ihm zu viel. In der Schule habe ich von der Austreibung des bösen Geists gehört, sagt er, nachdem er eine Weile geschwiegen hat, in einem plötzlichen Entschluss, doch endlich zu der Sache zu kommen, um die es ihm geht. Von einem Geist hat uns der Lehrer erzählt, der in einen Knaben hineingefahren und ihn geschüttelt und zum Schreien gebracht hat... Schaum habe der Knabe vor dem Mund gehabt, als er zur Erde fiel und sich dort in Krämpfen wälzte, sagt Ferdinand. Und dann: Nein, so hat es der Lehrer nicht erzählt, nicht genau so, sagt er, wie ich ihn fragend anblicke. So habe ich es einmal selber gesehen – auf dem Schulhof, als es einem älteren Schüler geschah, aber da kam nicht Jesus Christus, sondern die Ambulanz, sagt Ferdinand. Niemand, der ein Wunder tun und den bösen Geist austreiben konnte, sondern man brachte den Kranken weg auf einer Bahre, auf der man ihn festbinden musste, damit er nicht hinunterfiel... Gab es die Wunder nur, als Christus noch lebte?, fragt Ferdinand dann. Oder sind sie vielleicht so selten geworden, dass sie kaum mehr dort geschehen, wo man sie braucht, sondern immer nur anderswo, zu einer anderen Zeit? Auch die Gespenster hat man nie selber gesehen, werfe ich da ein. Nur immer den, der einem von ihnen erzählt und verlangt, dass man ihm glauben soll, sage ich. Und weiß nicht weiter. Das heißt, ich wüsste schon, wenn ich nicht mit meinem Enkel, sondern mit mir selber sprechen würde. Dass man nur um Himmelswillen an die Wunder nicht glauben soll, würde ich dann sagen, weil doch leider ein Wunder, dass sich im Glauben daran zum stattgehabten Vorfall verfestigt, eben keins mehr ist, sondern lediglich ein weiteres Stück im Inventar der Tatsachen, die den Raum des Möglichen so empfindlich einschränken.

Ein wirklicher Enkel wäre längst weggelaufen. Ferdinand aber, der fast in jeder Hinsicht anders ist als ein wirklicher, zum Beispiel in der Geduld, die ihn dazu veranlasst, mir zuzuhören bis zum Schluss oder mindestens, aus Höflichkeit, so zu tun als ob: Wie ich mir überlege, was ich ihm sagen könnte, läuft eine Ameise über meinen Fuß. Was sie nicht tun sollte. Indem sie es aber tut, nicht im Freien, sondern im Zimmer, wo sie nicht hingehört, erinnert sie mich zunächst an einen Ameisenhaufen mit seinen von zielstrebig tätigen Ameisen durchströmten Gängen, und dann an die Wunder der Natur schlechthin. Die habe ich in meiner oder eher Ferdinands Frage nach dem Wunder noch nicht in Betracht gezogen, ebenso wenig wie die von Menschenhand gebauten sieben Weltwunder oder die Wunder der Malerei, der Musik, der Dichtung und so fort. Und wie ich an all die unzählbaren Dinge, Ereignisse, Naturerscheinungen denke, die man als Wunder zu betrachten pflegt, sehe ich auch schon, dass ich dem Wunder nicht über dieses oder jenes Beispiel näherkommen kann, sondern – wenn überhaupt – nur über das, was ich selber als ein Wunder erfahre. Ich selber, mit meinen Augen, Ohren, Riech-, Schmeck- oder Tastorganen; oder auch mit dem Sinn, den man je nach Zählung den sechsten oder bereits schon den siebten nennt... Wobei wir wieder beim mit eigenen Augen gesehen haben angekommen sind, wird Ferdinand gleich sagen. Aber das meine ich nicht. Ja aber was denn?, fragt Ferdinand nicht einmal mehr, sondern er begnügt sich damit, ein Gesicht zu machen, dem man ansieht, dass sogar sein sozusagen wunderbarer Vorrat an Geduld nächstens aufgebraucht ist:

Es ist etwas, das man nicht weitererzählen kann, sage ich. Nicht in einer Geschichte, sondern nur irgendwie andeuten; zum Beispiel in einem Gedicht, in der Musik... Das hält nun doch den jetzt wieder ein Stück kleiner gewordenen Ferdinand noch für einen Augenblick bei der Stange. Und da habe ich das große Glück, dass gerade jetzt vor meinem Fenster etwas geschieht, das Ferdinand und mich in ein derartiges Staunen versetzt, dass wir nur noch mit großen Augen... Nein, so war es nicht. War es, da es den Ferdinand nicht gibt, nie, und es ist auch, wie ich jetzt zum offenen Fenster hinausschaue, nichts da, was nicht immer da ist. Außer der Amsel, die in diesem Augenblick irgendwo im Verborgenen zu singen anfängt. Und wie sie singt. Als sie sich gestern auf unser

Balkongeländer setzte und sich in aller Ruhe betrachten ließ, war sie ganz still. Aber jetzt... Und außerdem kommt jetzt ein Wind, der die Zweige der Birke vor meinem Fenster ins Schwingen bringt. So eigenartig sind sie in ihrem Ausdruck, dass ich im Schauen alles andere vergesse und zu staunen anfange. Und wie es gestern regnete, fällt mir dann ein, wie ich die Feuchtigkeit rieche, die aus dem Garten aufsteigt; der Regen, der so heftig herabstürzte, dass die städtische Landschaft, auf die ich, sicher im Restaurant sitzend, hinausblickte, sich in einen Tumult auflöste: in schwankend unbestimmte Erscheinungen, beleuchtet von Lichtern, die sich bald so, bald anders in den vom Wind hin- und hergeworfenen Wasserschwaden brachen. Da staunte ich auch. Und damals, vor vielen Jahren, als ich einmal mit meinem Sohn nach einem heftigen Regen spazieren ging, und er mit einem Mal stehen blieb. Mäuschenstill zuerst. Und dann: Schau!, sagte er und zeigte auf einen Feuersalamander, der sich in einem tief aus den Gelenken ausgreifenden Gang auf die Straße hinauswagte; so unbeholfen, als ob er das Gehen eben jetzt erst entdeckt hätte. Da staunten wir beide miteinander. Und über die Regenbogenfarben in den noch nassen Spinnweben: Schau!, sagten wir immer wieder, einmal er, einmal ich. Oder auch, nachdem wir uns wortlos über ein weiteres Wunder verständigt hatten: Nicht wahr, sagten wir. Und verstanden uns. Verstanden, dass Wunder im Staunen geschehen. Dass wunderbar nichts anderes hieß als: Das kann man nicht erzählen. Auch nicht verstehen. Aber das muss man auch nicht. Sondern nur da sein und die Augen aufmachen; offen sein für eine Ahnung, die einen bis dicht ans Unbegreifliche hinan trägt, und was dort anfängt, weiß man nicht.

Zu solchen Wundern kommt man nicht alle Tage. Aber wenn es mir einmal zu lange dauert, bis ich wieder eins erlebe, kann ich nachhelfen. Zum Beispiel, wenn ich mir den Anfang von Mozarts Requiem anhöre. Der klingt wie der erste Morgen im Paradies: Als die Vögel erwachten, wollig verworren Laut gaben und schließlich zu singen anfingen. So ist es auch, wenn ich selber zu einem glücklichen Tag aufwache. Im Staunen über das Erwachen der Vögel wie am Anfang der Welt.

Genauigkeit. Dieses Wort fällt oft, wenn andere oder **ELEONORE FREY** selbst ihre Sprache beschreiben. Zwei Romane der Schweizerin tragen den Untertitel »Bericht«. Aber es ist eine poetische Präzision, mit der die habilitierte Literaturwissenschaftlerin von der Schwierigkeit erzählt, in der Welt zu sein und in ihr irgendwie zu bestehen. »Sich in Abgeschiedenheiten hineinzudenken«, das ist, was sie am Schreiben reizt, und besonders beeindruckend gelingt es ihr in dem Buch »Muster aus Hans«, in dem sie, aus der Erfahrung mit ihrem eigenen Sohn Patrick, die Wahrnehmung und Erlebniswelt eines autistischen jungen Mannes beschreibt. Mit ihrem jüngsten Buch »Aus der Luft gegriffen« (Droschl 2011) knüpft die Zweiundsiebzigjährige an die Tradition des Schelmenromans an und lässt den Leser miterleben, wie die fiktive Heldin praktisch vom Himmel in eine nur allzu vertraute Wirklichkeit herabfällt, in der sie kaum zurechtkommt, bis ihr die Autorin die Rückkehr in ihre luftigen Heimatwelten erlaubt.

Navid Kermani

DIE
AUFERSTEHUNG

Für Alexander Kluge

Was würde es bedeuten, wenn die Medizin zweifelsfrei
in der Lage wäre, einen Toten oder jedenfalls einen bestimm-
tem Typus des Toten, sagen wir einen gerade Verstorbenen,
aber wohlgemerkt einen nach allen medizinischen Gesetzen
und menschlichen Erfahrungen Verstorbenen, also klinisch
Toten zum Leben zu erwecken?

Wie soll das geschehen?
Ich bin kein Mediziner, aber es ist doch aus heutiger Sicht
nicht mehr ausgeschlossen, dass die Wissenschaft eines Tages imstande sein wird, unter gewissen, gewiss seltenen Bedingungen Gehirnströme zu aktivieren, deren Stillstand aus

eben jener heutigen Sicht zwingend die Diagnose des Todes nach sich zieht.

Mag sein, doch verschöbe sich dadurch nur der Punkt, an dem ein Mensch für tot erklärt würde; früher war es das Ausbleiben des Herzschlags, heute der Gehirnströme.

Wann ist jemand aus Ihrer Sicht tot?

Tot ist ein Mensch, wenn er unter gar keinen Umständen, nie mehr zum Leben erweckt werden kann, außer durch ein Wunder, das heißt durch etwas empirisch und rational schlechthin Unerklärliches.

Aber wenn es unerklärlich ist, warum verwendet die Kirche dann so viel Kraft darauf, ein Wunder wissenschaftlich zu beweisen.

Sie meinen das Divinus Perfectionis Magister?

Ja.

Dieses Gesetz bezieht sich heute ausschließlich auf Heilungswunder. Das ärztliche Kollegium besteht aus achtzig Ärzten aus allen Fachrichtungen.

Aber bei der Seligsprechung von Johannes Paul II. bezog sich sein Nachfolger mit keinem Wort auf die Heilung der französischen Nonne Marie Simon-Pierre. Das einzige Wunder, auf das er verwies, war die Auferstehung Christi.

Diese ist zweifellos das zentrale Wunderereignis der Christenheit, denn wenn die Toten nicht auferstehen, lehrt Paulus, so ist Christus auch nicht auferstanden.

Ist aber Christus nicht auferstanden, so ist euer Glaube
nichtig.

Sie kennen sich aus.

Ich sage Ihnen ganz offen: Das Heilungswunder ist Mumpitz,
darauf können Sie Ihren Glauben nicht allen Ernstes gründen. Was immer heute achtzig Mediziner für unerklärlich
halten, könnte in zwanzig oder hundert oder fünfhundert
Jahren jedem Medizinstudent einleuchten.

Und deswegen hat Benedikt XVI. die Heilung nicht er-
wähnt?

Er hat jedenfalls ein Gespür dafür bewiesen, dass christlich
gedeutet das Wunder, letztlich, in der Aufhebung der Grenze
besteht, die zwischen dem Leben und dem Tod liegt. Deshalb
ja die Engel.

Die Engel?

Die Engel als Wesen, die zwischen den Toten und den Lebenden wandeln.

Ja, die Engel braucht's.

Die Engel braucht's erst, seit nur ein Gott übrig blieb.

Also gut, lassen wir die Abstufungen, Klassen und Gat-
tungen der Wunder beiseite und kommen wir zu dem
Kern, um den es Ihnen geht: Inwiefern soll der medizi-
nische Fortschritt den Glauben an die Auferstehung
tangieren?

Wenn der Punkt, an dem ein Mensch als tot gälte, sich längst als veränderlich erwiesen hat, könnte, nein: wird er sich in Zukunft noch weiter nach hinten verschieben.

Und?

Warum nicht bis ins Grab?

Jetzt werden Sie makaber.

Ich meine es ganz ernst.

Soll ich ernsthaft darüber nachdenken, was es für meinen Glauben bedeutete, wenn die Medizin aus bloßen Knochen einen Menschen basteln könnte?

Nein, das meine ich nicht.

Ja, Sie haben recht, dann wäre mein Glaube nichtig. Aber ich sage Ihnen noch was: Ich wollte in einer solchen Welt nicht leben. Ohne Gott müsst' ich's gar nicht.

Sie verstehen mich ganz falsch.

Dann kommen Sie mir nicht mit Gespenstergeschichten. Ich wollte nur meinen Gedanken fortführen: Wissenschaftler des Ramos Mejia Hospitals in Buenos Aires haben festgestellt, dass sich fast jeder zweite Gehirntote noch spontan bewege, nach Berührung oder nach Abschalten des Beatmungsgeräts, bis zu 72 Stunden lang.

Die sogenannten Nahtoderlebnisse sind ein starkes Indiz für ein Leben nach dem Tod.

Das ist nun wieder ein anderes Thema.

Weshalb ein anderes Thema?

Ich rede über Menschen, die nach heutigem Erkenntnisstand

unwiderruflich tot sind, also nicht mehr ins Leben zurückkehren können.

Und?

Es ist doch nicht ausgeschlossen, dass die Medizin eines Tages
in der Lage sein wird, die Grenze noch weiter nach hinten zu
verschieben.

Das sagten Sie bereits.

Nicht beliebig nach hinten, aber 72 Stunden vielleicht doch.

Vielleicht.

Vielleicht auch länger.

Ich bin kein Mediziner.

Ich auch nicht.

Identität, so sagt **NAVID KERMANI,** sei »per se etwas Vereinfa-
chendes, etwas Einschränkendes, wie jede Art von Definition«. Er selbst
verweigert sich dieser Form der Festlegung und Reduktion. 1967 als
vierter Sohn iranischer Eltern in Siegen geboren, hospitierte Kermani nach
dem Abitur zunächst am Theater an der Ruhr und studierte anschließend
Orientalistik, Philosophie und Theaterwissenschaften in Köln, Kairo und
Bonn, wo er 1998 promovierte und 2005 habilitiert wurde. Heute lebt der
Vater zweier Töchter als freier Autor in Köln. Für seine intensive Ausei-
nandersetzung mit der Religion, Kultur und Tradition des Islam und für
das ebenso intensive Gespräch mit dem Christen- und dem Judentum
wurde Kermani unter anderem mit der Buber-Rosenzweig-Medaille und
dem Hannah-Arendt-Preis ausgezeichnet. Sein neuestes Buch, der 1200
Seiten umfassende Roman »Dein Name« (Hanser 2011) wird als litera-
rische Sensation gefeiert: ein furioser Bewusstseinsstrom, ein »westöst-
licher Weltalltag« (Süddeutsche Zeitung), der alles, Fiktion und Autobio-
graphie, Leben und Tod, Sorgen und Sehnsüchte, Banales und Bedeut-
sames, in sich vereint.

Hans Werner Kettenbach

WENN DIE BÜSTE EINFACH SO VOM SCHRANK FÄLLT

Dafür, dass ich mein Lebtag das Wunder von Kana förm-
lich vor Augen gesehen habe, hat meine Mutter gesorgt. Sie
war, als Tochter eines Küfers, in Trier an der Mosel geboren
und stand also unwidersprochen in dem Ruf, die Verhältnisse
dort wie auch unter den Weinbauern entlang des Flusses zu
kennen. Und natürlich kannte sie den Weihbischof der Erz-
diözese Trier, von dem die Geschichte handelt, die ich sie
immer wieder, und nicht zuletzt zu ihrem eigenen großen
Vergnügen, habe erzählen hören.

Der Weihbischof, eine Art katholischer Hilfsbischof oder
Bischofs-Stellvertreter also, befand sich auf einer Visitations-
reise durch die Volkschulen seines Bistums, auf der er kon-

trollieren wollte, wie weit die nachwachsende Jugend im Glauben gediehen und gefestigt war. Die Lehrer erwarteten ihn nicht ohne Sorge, denn er war ein mächtiger Mann auch bei der Schulbehörde. Allerdings war er desungeachtet ein liebenswürdiger älterer Herr, der seine Schäfchen nicht in Schrecken jagen, sondern in Gottvertrauen und Zuversicht stärken wollte.

So begann er denn auch seine Befragung der Kinder ganz unverfänglich – mit der Hochzeit zu Kana, von der sie sicher schon gehört hätten? O ja, da hat der Oberlehrer Becker uns von erzählt.

»Aha, sehr schön! Und was ist da auf der Hochzeit passiert?«

Röhrigs Jakob (9) hob den Finger, stand nach einem huldvollen Handzeichen des Bischofs auf und sprach: »Denne is der Wein ausgegange!«

»Aha! Aha! Und woran lag das?«

So eine Frage hatte Jakob noch nie gehört. Jeder wusste doch, woran es lag, wenn der Wein ausging. Er schnappte ein paarmal nach Luft, ohne etwas zu sagen, errötete tief. Als der Bischof, um ihn nicht zu überfordern, den gütigen Blick von ihm abwandte und durch die Klasse schweifen ließ, nutzte der Oberlehrer Becker, der hinter Jakob stand, die Gelegenheit und zischelte seinem Schüler zu: »Es waren zu viel Gäste da!«

Und Jakob posaunte erleichtert den Weihbischof an: »Es woren zu vill Gäjstliche do!«

Als ich älter geworden war, fiel mir zweierlei an dieser Geschichte auf: Erstens genoss die Geistlichkeit bei Jakob – und demzufolge wohl auch in seiner familiären Umgebung – offenbar den Ruf, besonders gern und stark zu trinken. Ein solcher Eindruck ist auch aus meiner eigenen Kindheit, die ich mit meinen Eltern in einer Kleinstadt am Rhein verbracht habe, mir erinnerlich:

Bei Taufen, Beerdigungen und Hochzeitsfeiern saß der Pastor, in Ausnahmefällen auch der Kaplan, auf dem Ehrenplatz, bei Hochzeiten also zur Seite der Braut, die er mit langsam sich rötenden Bäckchen und kleiner werdenden glitzernden Äuglein höchst angeregt unterhielt, er unterbrach seinen Redefluss nur, um sich über eine neue Flasche Wein zu beugen, die ihm von rückwärts zur Begutachtung gezeigt wurde. Danach legte er manchmal auch den Kopf zurück, schloss die Augen und hob lächelnd beide Hände, als wolle er wortlos seine Begeisterung ausdrücken darüber, dass nun auch noch dieser vorzügliche Tropfen aufgetischt werde.

Jakobs Pointe der Geschichte vom Weihbischof überraschte unsereinen also nicht, wir kannten dergleichen. Mir fiel aber zweitens auch auf, dass der eigentliche Kern des biblischen Berichts, nämlich eben das Wunder, dass Jesus sechs Steinkrüge voll gewöhnlichen Wassers in köstlichen Wein verwandelt hatte, vom Spott über die Begebenheit nicht angetastet wurde. Bevor es so weit kam, hielt die Geschichte ein – sie war halt zu Ende. Waren Wunder tabu?

Der Verlag Jakob Hegner hat seiner deutschen Ausgabe von Bruce Marshalls Roman »Das Wunder des Malachias« 1961 ein Zitat aus ebendiesem Roman vorangestellt, welches lautet: »›Und überhaupt‹, sagte Kaplan Neary, ›sind Wunder heutzutage aus der Mode gekommen. Wenn sich eins im Schlafzimmer unseres hochwürdigsten Herrn Bischofs ereignen würde, täten Seine Gnaden alles, um den ungehörigen Vorfall zu vertuschen.‹«

Anders als der hochwürdigste Herr wären meine Mutter und ihre Generation, aber auch ich, wohl nicht peinlich berührt gewesen, wenn sich in unserer häuslichen Umgebung ein Wunder ereignet hätte. Aber wir hätten gleichwohl alles getan, um eine möglichst simple Erklärung dafür zu finden. Wenn zum Beispiel vor unseren Augen die gipserne Schiller-Schulterbüste, die mein Vater auf einem Trödelmarkt erstanden hat, einfach so vom Wohnzimmerschrank gefallen wäre – wir hätten zunächst einmal nach der Katze des Nachbarn gesucht, die womöglich heimlich bei uns eingedrungen war und sich mit einer Maus zum Picknick auf unserem Schrank einzurichten versucht hatte.

Und wenn die Katze nicht auffindbar gewesen wäre, hätte vermutlich mein Vater, nach der Rückkehr von der Arbeit und nachdem sein Verdacht ausgeräumt worden war, die edle Büste hätte ich zerdeppert, eine Erklärung gewusst, die nicht anfechtbar war, und deshalb beruhigend: Schon lange vor dem Ersten Weltkrieg nämlich hatte seine Großmutter ihm prophezeit, er werde noch ein gewaltiges Erdbeben erleben, mit Überschwemmung, Feuersbrünsten und tausend Toten. Was übrigens auch wissenschaftlich zu begründen sei, denn wir lägen mit unserer rheinischen Heimat ausgerechnet auf einer geologischen Trennfuge – genau so wie die Stadt San Francisco. Mehr brauche er dazu wohl nicht zu sagen.

Bevor er dann doch mehr dazu sagte, nämlich über ebendie nordkalifornische Katastrophe von 1906, am Rande auch ein wenig über das Erdbeben von Lissabon 1755, fragte er uns, ob wir denn nicht ein Schwanken unter den Füßen verspürt hätten?

Schwanken? Nein. Hast Du was gespürt?

Ich? Nein.

Ich auch nicht.

Na gut.

Vielleicht hatten wir bloß nicht aufgepasst.

Ja. Wahrscheinlich.

Das Wunder wären wir jedenfalls losgewesen, zu unserer Erleichterung.

Dass das Wunder als solches nicht ohne ist, ahnt man freilich schon, wenn man – um sich Gewissheit darüber zu verschaffen, was denn genau unter dem Wort zu verstehen ist – in ein gründliches Wörterbuch hineinschaut, sei es das der Brüder Grimm oder das ihres Widersachers und Konkurrenten Daniel Sanders oder das neuere, mehrfach aktualisierte des Germanisten Hermann Paul. Wunder bedeutete nämlich ursprünglich keineswegs das, was wir heute darunter verstehen, also ein Ereignis, das den Naturgesetzen und unseren Erfahrungen zu widersprechen scheint, zum Beispiel, dass ein Toter plötzlich sich von der Bahre erhebt und zu reden beginnt; oder auch, dass unsere Schiller-Büste ohne erkennbaren Anstoß vom Schrank fällt.

Wunder bedeutete einst vielmehr nur das, was der Mensch bei einem solchen Ereignis empfindet, also nicht das Ereignis selbst, sondern unsere subjektive Reaktion darauf, etwa das, was wir heute Verwunderung nennen. Je nach dem Ereignis sind wir allerdings nicht nur verwundert, wir empfinden auch etwas, was Daniel Sanders ein »neugieriges Befremden« nennt, ja, ein Zurückschrecken, das sogar in Furcht umschlagen kann. Diese alte Einschränkung des Begriffs auf das, was uns angesichts eines Wunders bewegt, wirkt bis heute noch in der Redewendung »Das nimmt mich wunder«, und sie galt bis ins Hochmittelalter, also etwa um das Jahr 1300. Erst danach wurde sie von der heutigen Bedeutung verdrängt, die durch Luthers Bibelübersetzung verfestigt worden ist.

Drückt sich in der Zaghaftigkeit, mit der also die Sprache sich daran machte, das Wunder höchstselbst beim Namen zu nennen, ebendieses Zurückschrecken, wenn nicht die Furcht des Menschen vor Wundern aus? Daniel Sanders definierte das Wunder als »ein staunenerregendes Geschehnis, worin – oder insofern darin – das Wirken einer überirdischen Macht sich kund giebt«. Es mag schon sein, dass dem Menschen bange wird, wenn er sich plötzlich mit einer solchen überirdischen Macht konfrontiert sieht. Sie ist anscheinend ja imstande, die Regeln, nach denen unsere Welt funktioniert und uns das Leben ermöglicht, außer Kraft zu setzen. Also fühlen wir uns dieser Macht ausgeliefert, und mehr noch: Wir fühlen uns von ihr bedroht.

Besonders deutlich wird das an exotischen Lebensverhältnissen, in denen das Wunder in die Nachbarschaft des Zaubers gerät, der ja ebenfalls die Naturgesetze ebenso wie die Lebenserfahrungen des Menschen auf den Kopf zu stellen scheint. In der Karibik und im Süden der USA, dort, wo auch die Voodoo-Religion zu Hause ist, kursieren sie immer noch – Hunderte, Tausende von Geschichten, in denen das Wunder unversehens zum Teufelswerk pervertiert.

In einer noch milden Form passiert das in der Geschichte von Cornelia, die ich einmal in einem »Erfahrungsbericht« las, jenem kleinen schwarzen Mädchen, das auf einer Insel vor der Küste von South Carolina lebt. Eines Nachmittags, nachdem die Schule vorüber ist, geht Cornelia mir ihrem Brüderchen an der Hand nach Hause, als sie Zeugen eines Wunders werden: Vor ihnen erscheint plötzlich ein riesiger, schwarzer Bussard, aber der hier fliegt nicht vor ihnen her, sondern er wandert über die Straße, Schritt um Schritt auf seinen Krallenfüßen, die ganze weite Strecke bis zu ihnen nach Hause, wo er plötzlich wieder verschwindet.

Der Bussard galt unter den Schwarzen im Süden der USA als Unglücksbote, der Tod und Verderben ankündigt. So erschreckt er, als er in Gershwins Oper »Porgy and Bess« am Himmel auftaucht, auch den verkrüppelten Porgy, der ihn anfleht: »Flieg weiter, Bussard, und nimm Deinen Schatten mit!« In der Geschichte von der kleinen Cornelia hinterlässt der Vogel die Kinder in Angst und Schrecken.

Die Wunder des Christentums sind durchweg menschenfreundlicher. Nun gut, im Alten Testament auch nicht immer. Die Drohung des Herrn gegen die Ägypter, er werde, wenn sie sein Volk Israel nicht aus der Gefangenschaft entließen, sie »schlagen mit all den Wundern, die ich darin tun werde«, war ja nicht von Pappe. Und dass er, wann immer der Pharao sich geneigt zeigte, die Israeliten ziehen zu lassen, dessen Herz wieder verhärtete und verstockte, so dass er seinen Gefangenen dann doch wieder den Abzug verweigerte, das scheint ja eher zu verraten, dass er, der Herr, den Pharao und seine Soldaten, ob sie nun sich besserten oder nicht, dass er sie so oder so vernichten wollte. Was er dann auch tat, auf ziemlich grausame Art.

Aber davon einmal abgesehen, sind die anderen Wunder der Bibel ja nun wirklich meist wohltätig. Das gilt gewiss für die Hochzeit zu Kana, wer immer dort sich an dem zu Wein gewordenen Wasser laben oder auch betrinken durfte; es gilt ebenso für den Proviant, den der Herr auf die Israeliten herabregnen ließ, als sie aus Ägypten ausgezogen und in die nackte Wüste geraten waren, das Manna, das laut dem 2. Buch Mose schmeckte »wie Semmel mit Honig«; ein erfreuliches Wunder geschieht auch an dem Jüngling zu Nain, dem einzigen Sohn einer verwitweten Mutter, der zu ihrem großen Kummer gestorben war und schon beerdigt werden sollte, als Jesus sich der Mutter erbarmte und dem Leichnam gebot »Jüngling, ich sage Dir, steh auf!«, was der befolgte, wonach er alsbald auch noch zu sprechen begann.

Der Evangelist Lukas ergänzt diese Geschichte mit dem Satz »Und Furcht ergriff sie alle« – alle, die dabei waren und das Wunder der Totenerweckung erlebten. Selbst hier, in einer Geschichte also, die ein gutes Ende findet, scheint es unvermeidlich, jenes Grausen, das den Menschen angesichts der Durchbrechung von Gesetzen der Natur überfällt, die ihm unerschütterlich und eben deshalb so zuverlässig erschienen. Natürlich enthält exakt diese Mischung aus Happy End und gleichzeitigem Horror vor der glücklichen Fügung einen hohen Reiz, dem man sich nur schwer entziehen kann. Es könnte dieser Reiz gewesen sein, der mich eine Zeit lang zum Fan der Biographien von Heiligen und Märtyrern gemacht hat.

Als ich um die zehn Jahre alt war, verbrachte ich die Sommerferien oft bei einem Onkel, der Buchhalter, aber im Nebenberuf Küster und Organist an einer alten Abteikirche war. Er wohnte mit seiner Frau in einem dickwandigen Bruchsteinhaus, das gleich an die Kirche angebaut war, seiner Dienstwohnung, einem Teil des weitläufigen Gebäudes, das früher das Kloster der Mönche gewesen war, die die Abtei unterhielten, und jetzt als Schulhaus diente. Am anderen Ende dieses Gebäudes lag das Pfarrhaus, einst die Prälatur, die 1718 errichtet worden war.

In der stets dämmrigen, weiten Diele dieses Hauses hing ein Geruch, dessen Bestandteile ich nur schwer zu ergründen vermochte, es roch dort nach vielen, vielen vergangenen Jahren ein wenig säuerlich, ein wenig nach Äpfeln und Birnen, ein wenig muffig, aber nicht zuletzt nach achtsamer Pflege, dem Bohnerwachs, mit dem der Boden bearbeitet, und dem Putzmittel, mit dem das Tablett aus Messing poliert worden war, das auf einem Seitentischchen stand und in dem Dämmerlicht schimmerte wie Gold. Und hinzu kam, wenn man die schwere Eichentür unter der Treppe öffnete, der papierene, staubige, leimige, ein wenig stickige Geruch vieler alter

Bücher, die hinter der Tür auf hohen Regalen standen, der Pfarrbibliothek.

Hier wurde ich vom Herrn Pastor persönlich, aber gelegentlich auch von seiner Haushälterin, mit einigen meiner stärksten Leseerlebnisse versorgt, zunächst einmal den vielbändigen, abenteuerlichen Geschichten um den isländischen Knaben Nonni, verfasst von dem Jesuitenpater Jón Stefán Sveinsson, der aus Island stammte. Nonni nahm mich mit in eine sehr fremde Welt, die aber eine hohe Anziehungskraft ausübte. Hinzu kamen dann die auf den Regalen reichlich vorhandenen Heiligen- und Märtyrer-Legenden, in denen es freilich oft genug ziemlich blutig herging.

Die Grausamkeiten, die da ausgemalt wurden, oft bis in die bunten Bilder hinein, mit denen die Bücher ausgestattet waren, stießen mich eher ab (merkwürdigerweise schienen weder der Pastor noch seine Haushälterin, eine starkknochige Frau mit dichten, schwarzen Augenbrauen und schwarzem Oberlippenflaum, unter Bedenken zu leiden, ob das die rechte Lektüre für einen Zehnjährigen sei). Ich mochte es nicht, dass der heilige Stephanus mit schweren Steinbrocken beworfen wurde, bis er daran starb, und ich fand es abscheulich, dass Folterknechte, denen schon auf der Illustration die nackte Gemeinheit am vorgereckten Kinn und den spitzen Nasen unmissverständlich anzusehen war, dem heiligen Quintinus eiserne Nägel unter die Fingernägel trieben und ihn am Ende ganz und gar aufspießten. Aber alle diese Historien folgten ja dem Bauplan einer spannenden Abenteuergeschichte, nämlich dass sie nach mancherlei Fährnissen und Katastrophen ein gutes Ende fanden, in diesem Fall die ewige Seligkeit, in die solche Blutzeugen des Glaubens entrückt wurden. Natürlich ergaben sich auf dem Weg dorthin für einen Leser wie mich nicht selten Probleme der Glaubwürdigkeit – Ungereimtheiten. Ich fragte mich zum Beispiel, ob es denn Sinn gemacht hatte, dem heiligen Quintinus, nachdem man ihn enthauptet hatte, einen Mühlstein um den Hals zu binden, bevor man ihn bei St. Quentin in die Somme warf; wie sollte denn der Mühlstein ihn festhalten, wenn der Kopf fehlte?

Demzufolge war es besonders schwierig sich vorzustellen, dass die Wunder, die in diesen Geschichten passierten und die ja von Heiligen auch erwartet wurden, tatsächlich geschehen sein sollten. Wie hatte denn der heilige Quintinus, nachdem er bereits tot war, es vermocht, einen Pferdedieb vor dem Strang zu retten?

Indem er im Jenseits seine Fürbitte für den Sünder dem Allmächtigen vortrug.

Ja, ja. Sicher. So musste es wohl gewesen sein. Na gut.

Dass die heilige Margareta, die mich besonders interessierte, weil meine Mutter ihren Namen trug, sich den Nachstellungen des römischen Gouverneurs Olybrius verweigerte und deshalb ins Gefängnis geworfen wurde, wo kein Geringerer als der Teufel selbst sie erwartete, und zwar in Begleitung eines Drachen, der sie auffraß, das mochte ja noch angehen. Dass sie jedoch mit dem kleinen Kreuz, das sie ständig bei sich trug, dem Drachen aus seinem Inneren heraus den Bauch aufschlitzte und durch das Loch entkam, schien mir ein wenig übertrieben, um nicht zu sagen: ziemlich künstlich, nein: geradezu komisch. Die heilige Margareta war nach dieser Legende ja ungleich geriebener als der Prophet Jona, der – nachdem der Wal ihn verschluckt hatte – lediglich einen Psalm zu beten brauchte, woraufhin der Wal ihn wieder an Land spuckte.

Allerdings fielen solche Probleme bei dem Zehnjährigen auch nicht übermäßig ins Gewicht gegenüber der Macht des Glaubens – des Glaubens und nicht zuletzt der Geschichten, in denen er sich niederschlug. Dass Wunder von Natur aus nicht nur in die Nähe des Zaubers, sondern auch die der Komik, der lustvollen Übertreibung und absichtlichen Verzerrung geraten können, wurde mir erst später bewusst.

Der Lernprozess entwickelte sich, als ich Alice im Wunderland las, Lewis Carrolls vereinte Romane »Alice's Adventures in Wonderland« und »Through the Looking Glass«. Die Geschichte beginnt bekanntlich damit, dass das Mädchen Alice an einem schönen Sommertag am Flussufer sitzt und sich gerade langweilt, als sie sieht, wie ein Kaninchen mit rosa Augen an ihr vorüberläuft. Sie hört, wie das Kaninchen sagt: »O weh, o weh, ich werde zu spät kommen!«, und wirklich stutzig wird sie dann, als das Kaninchen auch noch eine Uhr aus der Westentasche zieht und die Zeit kontrolliert. Sie läuft hinter dem Kaninchen her, springt ihm nach in das Loch eines Kaninchenbaus unter der Hecke und landet nach einem langen und tiefen Fall durch die Röhre in einer absonderlichen und höchst merkwürdigen Welt, dem Wunderland.

Der Eindruck, den die Geschichte bei mir hinterließ, wurde noch verstärkt durch die Original-Zeichnungen von Sir John Tenniel, dem hervorragenden Karikaturisten (der in dem Bild »Der Lotse geht von Bord« auch Bismarcks Entlassung dargestellt hat). Tenniel entwarf, penibel dem Text folgend, eine Welt voller wunderlicher Figuren, regiert von einem zwergenhaften Königspaar mit übergroßen Köpfen, ein Reich von sprechenden Tieren, dem Kaninchen, das sich mit Glacéhandschuhen und einem geschlitzten Paraderock herausputzt, einem Hummer, der spazieren gehen kann und anderen Lebewesen, deren märchenhafte Äußerungen und Handlungen hin und wieder jeden Sinn und Verstand zu entbehren scheinen.

Erst danach las ich, dass Carroll, der mit bürgerlichem Namen Charles Lutwige Dodgson hieß, Sohn eines Pfarrers der anglikanischen Hochkirche, 1832 in einem alten Pfarrhaus in Cheshire geboren, Absolvent des Christ Church College in Oxford, Mathematik-Dozent und Freund kleiner Mädchen, dass Lewis Carroll also zu den Begründern der Nonsens-Literatur gezählt wird. Und ich entdeckte dann auch in dem Widmungsgedicht des ersten Bandes von Alices Abenteuern dieses verräterische Wort: Alice (10), die mittlere der drei Schwestern, die der Erzähler an dem schönen Sommertag auf der Themse herumrudert, wünscht sich von der Geschichte, die er ihnen erzählen soll: »There will be nonsense in it!« – »es sei auch Nonsens drinnen!«

Sind Wunder Nonsens, sinnloses Zeug?

Das sind sie nicht. Sie sind dem Zauber verwandt und geraten hin und wieder auch in die Nähe des Komischen. Sie haben überdies einen kaum zu leugnenden Unterhaltungswert. So wurden die im 17. Jahrhundert zahlreich erscheinenden Prodigien-Sammlungen – Auflistungen von ungewöhnlichen, beängstigenden Erscheinungen wie Kometen oder Sturmfluten, die als göttliche Ermahnungen galten – gelegentlich mit der Empfehlung angepriesen, sie seien »bis zum Bersten gefüllt mit Kurzweil und Lustbarkeit«. Da wurde offenbar auch auf den schon erwähnten angenehmen Gruseleffekt des Wunders spekuliert.

Wunder wurden von den Gläubigen auch nicht nur für wahr genommen, sondern oft genug auch als Teufelswerk verdammt. Es war immerhin der Apostel Paulus, der in seinem zweiten Brief an die Thessalonicher vor Wundern warnte: »Der Böse aber wird in der Macht des Satans auftreten mit großer Kraft und lügenhaften Zeichen und Wundern…« Die Frage, ob es Wunder gebe und was von ihnen zu halten sei, war damit freilich nicht endgültig beantwortet. Sie hat bis heute ganze Heerscharen von Theologen, Philosophen und nicht zuletzt Laien, schlichten Gläubigen wie Ketzern beschäftigt.

Die hochgelehrte Professorin Lorraine Daston, Direktorin am Berliner Max-Planck-Institut für Wissenschaftsgeschichte in Berlin, hat zusammen mit der Medizinhistorikerin Katharine Park ein dickleibiges Buch über »Wonders and the Order of Nature« (Wunder und die Ordnung der Natur), New York 2001, veröffentlicht. Außerdem hat sie in einer Reihe von kleineren Arbeiten, so wie in ihrem Hauptwerk mit Park, die Rolle des Wunders in der Geistesgeschichte untersucht. Dabei zeigt sie, wie das Wunder aus der Rolle eines Beweises (für die Existenz der Gottesmacht) abrutscht in die Rolle eines Phänomens, das zunächst einmal selbst eines Beweises bedarf.

Von der Behauptung, dass es Wunder gebe, ist diese überzeugende Art der Betrachtung und Argumentation ebenso weit entfernt wie von der Leugnung des Wunders schlechthin. Des ungeachtet wird bis in unsere Tage erbittert gefochten um die Realität von Wundern. Eine Dokumentation aus

Heiligsprechungsprozessen der Katholischen Kirche, die 1976 erschienen ist, trägt den ebenso schlichten wie apodiktischen Titel »Wunder sind Tatsachen« (Wilhelm Schamoni). Dort wird unter anderem berichtet über den heiligen Josef von Copertino, einen Franziskanermönch, der über die Gabe der Levitation verfügt haben soll, will heißen, dass er, wenn ihn die religiöse Ekstase ergriff, über dem Boden schweben konnte, wie Jesus über dem Galiläischen Meer.

So berichtet, auf S. 541 der einschlägigen Akte, der Zeuge Peter Paul Schifeo, Minorist und 50 Jahre alt: »Einmal habe ich gesehen, wie er die halbe Länge oder gut die halbe Länge der Kirche bis zum Altare flog und dort ungefähr eine Stunde in der Ekstase kniete, bis ein Befehl ihn weckte. Das war in der Kirche von La Grottella.« In demselben Prozess erklärte die Zeugin Frau Dorothea Zeccha, 50 Jahre alt: »Ich war zugegen in der Kirche von Grottella, als die Vesper begann und Pater Josef kam. Er flog von der Mitte der Kirche bis zum Altar der sel. Jungfrau, kniete sich auf den Betschemel und fiel in Ekstase.« (S. 546 der Akte)

Wir brauchen ihn nicht, den fliegenden Pater, um gut und gesittet leben zu können, und auch nicht die tugendsame Margareta, die sich mit ihrem kleinen Kreuz aus dem Bauch des Drachens herausschlitzt. Aber solche Geschichten abzutun als bloße Phantasien oder gar als die tückische Erfindung und Fälschung von Leuten, die uns an den Glauben und an die Kirche binden wollen, ist unter dem Niveau selbst der dümmsten Wundergeschichte. Wunder entsprechen einem menschlichen Grundbedürfnis, dem Verlangen, dass es in der Welt nicht immer und nicht unbedingt so zugehen sollte, wie die Gesetze der Natur und die unseres Denkens es so unerbittlich vorschreiben.

Irgendwann gerät vielleicht auch der größte Zweifler in die Lage, dass er sich ein Wunder wünscht – und es sogar für möglich hält, selbst wenn es seinem Wissen und allen seinen Erfahrungen widersprechen sollte. Das mag in einer großen Not passieren, in einer der verzweifelten Situationen, in denen nach dem Sprachgebrauch »nur noch ein Wunder« helfen kann. Da verwandelt sich selbst für den Skeptiker das Wunder dann unversehens vom lachhaften Histörchen in den Traum von einem besseren und schöneren Leben.

Er hat sich stets zu seiner Absicht, den Leser zu unterhalten, bekannt, und dennoch verglich ihn ein Kritiker mit Kafka und Poe. Wie viele Autoren wählte auch **HANS WERNER KETTENBACH** den Umweg über den Journalismus, bevor er im Alter von fünfzig Jahren seinen ersten Kriminalroman verfasste. Viele Jahre lang führte er ein Doppelleben, arbeitete als Korrespondent und stellvertretender Chefredakteur beim »Kölner Stadt-Anzeiger« und schrieb im Urlaub, zur Entspannung, wie er sagt, seine Bücher. 15 sind es mittlerweile, und auch wenn Kettenbach im 18. Stock eines Kölner Hochhauses lebt, wirkt er mit seinen dreiundachtzig Jahren alles andere als abgehoben oder altersweise entrückt. Sein jüngstes Buch (»Tante Joice und die Lust am Leben«, Diogenes 2010) ist dennoch so etwas wie eine Bilanz, denn es versammelt ganz unterschiedliche Texte – Erzählungen, Kurzgeschichten, Porträts und Artikel – aus mehreren Jahrzehnten.

Judith Kuckart

SO SOLL ES BLEIBEN

Sie liegt flach auf dem Rücken und schlägt die Augen auf. Ist es Nacht, oder ist es nur Nacht in diesem Zimmer? Irgendwo klingelt ein Telefon, dann hört sie das Klingeln deutlicher, denn die Zimmertür öffnet sich, und ein schmaler Lichtteppich fließt über den Fußboden auf sie zu. Sie freut sich über das Licht. Sie freut sich, es zu sehen, als wäre die Tatsache, dass sie sehen kann, ein Grund zur Freude. Hallo, wer bin ich? Egal, sagt das Licht. So soll es bleiben.

Sie hieß Petra, ein Name, der nicht zu einer Frau ihres Alters passte. Frauen dieses Jahrgangs hießen Helga, Ilse, Hannelore und manchmal auch Rosemarie. Petra malte Bilder in kleinem Format ohne irgendwelche Fluchtpunkte am Horizont und ohne sich die Mühe zu geben, dass die Dinge auf ihren Bildern drei Dimensionen hatten. Ihre Blumen und Hügel und Nonnen sahen so aus, als hätte van Gogh eine kleine Schwester gehabt, die die Welt so sah wie er. Es war ein Wunder, dass sie nie von der Kunstakademie geflogen war. Noch im Studium bekam sie von einem sanften Mann zwei Kinder, einen Jungen und ein Mädchen. Sie lebten zu viert in Berlin, in einer Ladenwohnung nah der S-Bahn. Die Ratte wohnte schon dort, als sie einzogen. Sie gaben ihr einen Namen. Esmeralda? Elvira?

Jetzt betritt einer in einem weißen T-Shirt das Zimmer. Ein Pfleger. Sie schließt die Augen. Der Pfleger summt »Wild Horses«, während er zielsicher im Zimmer auf und ab geht. Wild Horses. Sie weiß, dass es ein Lied von den Stones ist, obwohl sie nicht mehr weiß, wer sie selber ist. Sie hält die Augen fest geschlossen. Es soll ganz schwarz um sie herum sein, wenn sie sich jetzt die wichtigste Frage zu beantworten versucht: Falls sie nie mehr eine Identität besitzen würde, aber immer noch die Stones, den Duft eines gebratenen Hähnchens, das Grau eines nördlichen Meers oder eine Hand, die sie liebt, erkennen dürfte, wäre Identität dann ein echter Verlust? Ist die Freude über einen Lichtstrahl am Boden nicht ein Ersatz für Identität? Was wiegt ein kleines Ich gegen eine große Freude? Wenn es nach ihr ginge, würde sie für alle Zeit so wie hier weiterleben und sich am Sehen freuen, würde immer wieder gern ein Telefon von fern klingeln hören und bei dem Ton sehr heiter werden. Denn sie ist nicht mehr gemeint.

Petra wurde älter und zog fort aus dem Laden in eine richtige Wohnung. Nie war sie krank. Aber sie trank, was auch eine Krankheit sein soll. Sie hatte diesen großen sanften Mann mit einem großen sanften Gesicht, dessen rechter Arm seit dem Krieg wie ein leerer Ärmel an ihm herunterhing. Nachts trugen sie Zeitungen aus. Er trank auch, bis sie eines Tages beide mit dem Trinken aufhörten. Er bekam ein Hörgerät, sie eine Brille. Sie verließen Berlin, die Kinder ließen sie dort, und sie zogen in einen Kurort im Süden von Deutschland, weil dort ein Haus am Hang stand, das sie geerbt hatte. Oft sprachen sie davon, dass sie aus Berlin kämen, aber selten sagten sie, dass sie zwei Kinder hatten. Sie galten als das ideale Paar, wenn sie durch den Ort gingen, der solche Paare nicht kannte. Ein Mann und eine Frau, denen das Leben das Paarsein nicht ausgetrieben hatte.

Der Pfleger in dem weißen T-Shirt verlässt das Zimmer, in dem es Nacht zu sein scheint, während sie auf dem Rücken liegt und die Augen geschlossen hält. Sie hat nicht lange gebraucht, um zu folgern, dass sie hier in einem Krankenhaus ist. Ein Schlauch, so dick wie ihr kleiner Finger, kommt aus ihrem Körper und verbindet sie mit einem Ständer aus Edelstahl an ihrem Bett. Ein Futterständer für kleine Vögel.

Aber hat sie Hunger?

Was hatte sie gegessen, bevor sie an diesen Futterständer angeschlossen wurde?

Wo hatte sie gegessen?

In einer Kantine?

Zu Hause?

In Restaurants mit anderen Menschen?

Mit welchen?

Würde jemand von diesen Menschen sie besuchen? Hier?

Was ist das für ein Krankenhaus?

Gibt es ein Kreuz über der Tür wie in dem Krankenhaus, in dem sie die Kinder bekommen hat?

Sie muss nur die Augen öffnen und nachschauen. Aber die Augen zu öffnen heißt, diesen geschütztesten Moment eines Lebens zu verlassen, das von außen besehen gar kein richtiges Leben mehr ist. Aber sie hat keine Schmerzen. Sie wird auch dieses Krankenhaus bald verlassen müssen.

Wohin danach?

Nach Hause, ist die einzige Antwort, die ihr einfällt. Aber wo ist das?

Vor vier Wochen hatte Petra mit aufgerissenem Mund an ihrer Terrassentür zum Hinterhof gestanden. Sie wohnt vorn, ihr Mann im Hinterhaus. Die Schlafzimmer liegen auf gleicher Höhe. Die beiden Wohnungen verbindet eine Terrasse, die an einer Handvoll Blumenkübeln mit erfrorenen Hortensien vorbei von ihrem Schlafraum zu seinem führt. Als er vor vier Wochen an seiner Tür vorbeikam, sah er, wie sie da drüben stand, mit aufgerissenem Mund. Er stellte das Gerät hinter seinem Ohr ein. Erst dann hörte er den Schrei. Es war das Gebrüll eines Tieres, das sterben muss. Die Sanitäter, die zwanzig Minuten später mit einer Trage eintrafen, sagten: Die hat zu viel getrunken, die nehmen wir nicht mit. Sie trinkt seit über zehn Jahren nicht mehr, sagte er, und versuchte seine Frau mit dem gesunden Arm auf die Bahre zu heben. Da war sie schon ins Koma gefallen. Im Krankenhaus stellte ein Neurologe fest, dass ihr Hirn überflutet war, nicht mit Alkohol, sondern mit Wasser. Er punktierte. Aber Petra wurde nicht mehr wach, auch nicht, als der schwarze See in ihrem Kopf an Wasserstand verlor und da drüben, wo sie jetzt war, Bilder auftauchen ließ.

Wie sie zwischen Särgen und Leuten in Schwarz stand und sich fragte: Warum tun die nichts?

Wie sie zwischen Mauern herumlief, ohne zu wissen, was das für Mauern waren, was sie verbargen, ob sie selber davor oder dahinter war.

Wie immer wieder Hunde bellten und Vögel durchs Haus flogen, kleine Vögel, die mit den Toten sprachen.

Wie sie immer wieder die Hand hob in einem Nebel, an dessen anderem Ende eine andere Hand sich hob und ein großes Winken veranstaltete, um sie nicht einfach fortgehen zu lassen.

Wie sie dann doch in dem großen Lazarett landete, Bett an Bett mit anderen, deren Körperkonturen sie unter den Bettdecken wie Landschaften unter Schnee deutlich sah. Aber was war mit den Gesichtern? Sie hatten keine.

Wie Schwestern zwischen den Betten hin und her gingen, Essen und Trost verteilten und ebenfalls keine Gesichter hatten.

Nach vier Wochen Aufenthalt in einem Doppelzimmer zur Straße wurde Petra ins Sterbezimmer zum Hof geschoben.

Das ist vor wenigen Minuten gewesen.

Welche Freude. Draußen auf dem Gang klingelt wieder ein Telefon. Sie kann hören, sie kann denken, sie kann sehen, wenn sie die Augen öffnet. Welche Freude! Jetzt fragte sie sich, ob sie vielleicht gar nicht wegen einer Krankheit im Krankenhaus ist, sondern weil es in ihrem Leben keine Freude mehr gegeben hat. Sie öffnet die Augen. Ausgerechnet in dem Moment kommt wieder jemand ins Zimmer. Er kommt über den Lichtteppich näher, bis sich ein großes, sanftes Gesicht über sie beugt.

»Du bist wach!«

»Wer sind Sie denn?«

»Aber Petra, ich bin doch dein Mann, und wir sind seit vierzig Jahren verheiratet.«

Dieser Mann, der ihrer sein soll, fummelt beim Sprechen an dem Hörapparat hinter seinem linken Ohr herum, bis ein Ton in schmerzlich hoher Frequenz den Raum unangenehm werden lässt.

»Schau doch mal, ich bin dein Mann.«

Sie mustert ihn.

»Nun machen Sie mich aber mal nicht älter als ich bin«, sagt sie.

»Petra«, sagt er.

Sie weiß, »Petra« ist einer der Bausteine, die sie kennen müsste, obwohl sie noch keine Identität hat. Aber dieser Baustein gehört dazu. Name, Vorname, Wohnort, Geburtsort, Geburtsdatum, Lieblingsbuch, Lieblingsessen, Lieblingsmensch, oder wenigstens jemand, der im Notfall benachrichtigt werden muss.

Jetzt betreten noch mehr Menschen den Raum. Jetzt werden sie mit vereinten Kräften anfangen, die Leere in ihrem Inneren mit dem Gerümpel ihres alten Lebens wieder einzurichten. Der Mann, der behauptet, ihr Mann zu sein, sitzt am Bett, aber beugt sich nicht mehr vor.

Gibt es denn hier keinen Spiegel?

»Die Patientin von 212 ist also wach geworden?«, sagt der Arzt, der einen längeren weißen Kittel als die anderen weißen Figuren trägt. Sicher ist er auch wichtiger. Also spricht sie ihn an.

»Was kommt, muss man begrüßen. Was ausbleibt, auf das muss man warten«, sagt sie.

»Das ist ein Wunder«, sagt der Arzt in dem wichtigen weißen Kittel, »ein Wunder.« Er sagt es etwas zu abgehackt, etwas zu hastig, und so stellt sich der Eindruck, dass hier etwas Erstaunliches, Umwerfendes, Unerklärliches geschehen sein soll, nicht richtig ein. Das Wort Wunder klingt einsam auf seinen Lippen.

An Einfällen mangelt es ihr nicht: »Mir laufen die Geschichten hinterher wie anderen Leuten Hunde«, sagt JUDITH KUCKART. Wie sie diese streunenden Einfälle einfängt und zu Literatur bändigt, das kann man in ihren zahlreichen Romanen, Erzählungen und Libretti erleben. Dabei ist Literatur nur eine von mehreren Sprachen, in denen sich die Zweiundfünfzigjährige auszudrücken vermag. So hat sie bereits, bevor sie mit dreiunddreißig Jahren ihr erstes Buch veröffentlichte, viele Jahre lang auf und hinter der Bühne gearbeitet, als Tänzerin, als Choreographin und als Theaterregisseurin. Wer ihre Prosa liest, ahnt, dass Körpersprache und poetische Bilder eine Einheit bilden, denn Kuckart formt mit Worten Figuren, die konkret und transzendent in einem sind. Schön, flüchtig und bedeutungsvoll, wie die Bewegungen von Tänzern. Judith Kuckarts jüngster Roman »Die Verdächtige«, eine Beinahe-Kriminalgeschichte, erschien 2008, in diesem Jahr veröffentlichte sie einen Beitrag in »Punk Stories«, einer Anthologie des LangenMüller-Verlags.

Sibylle Lewitscharoff

PFINGST-
WUNDER

Er war gescheitert, und zwar gründlich, aber das Versagen hatte seinen Körper und sein Denken längst nicht mehr in der Gewalt. Monatelang war Richard mehr umhergeschlichen denn gegangen mit nichts als seinem Scheitern im Kopf. Ich bin ein totaler Versager, sagte sich Richard, oder vielmehr, er sagte es ganz leise in den Fahrtwind, und der Fahrtwind trug es zu den Vögeln, die gerade über ihm den Strom kreuzten, und er kicherte dabei, denn sein Versagen wog inzwischen leichter als eine Feder. Er lag in einer Hängematte, seit Tagen, nein, seit Wochen schon, er hatte keinerlei Überblick mehr über die dahineilende Herde der Tage; die Hängematte befand sich am Bug eines kleinen brasilianischen Frachters, der den ganzen ewiglangen Amazonas entlangfuhr.

Seinem verehrten Professor daheim in Münster (Münster, dieses Winzlingsnest war in Richards Gedächtnisaugen inzwischen zu einem Spielzeugstädtchen geschrumpft), ihm hatte er niemals imponieren können, mit nichts, rein gar nichts; die Szenen, die das bewiesen, sah Richard jetzt in präzis ausgeleuchteter Schärfe, er sah sich selbst als bleichen Wurm, der immerzu hinter dem Professor herkroch – ein schiefes Bild, wie er sich sogleich korrigierte, der Professor war immer viel zu schnell fortgeeilt, nach Hause, in sein eigenes Reich, als daß Richard oder sonstwer hätte hinter ihm herkriechen können, trotzdem entsprach die Wurmhaftigkeit Richards der Wahrheit –, und manchmal hob dieser Wurm, der Richard lange Zeit gewesen war, flehentlich das Köpfchen, bitte bitte Herr Blumenberg, wollen der Professor mich doch bitte bitte bemerken. Richard lachte auf und keineswegs bitter, als er sich seine komisch fruchtlosen Bemühungen ins Gedächtnis rief, ein Merkzeichen seiner selbst vor die unerbittlichen Augen des Professors zu pflanzen.

Mitten auf dem Amazonas dahinzufahren, in einer Hängematte liegend, während der warme Fahrtwind über seinen Körper strich, in dieser besonderen Lage, in der sich sein Körper glücklich fühlte wie nie zuvor, war es Richard möglich, sich an alles, was ihn während der letzten Jahre gequält hatte, deutlich zu erinnern, aber sein ins Deutliche gehobenes Elend schmerzte nicht mehr, der lind wehende Wind trug es davon.

Womit war er denn nun gescheitert? An seiner Dissertation. Vier Jahre lang hatte er sie zwischen seinen Fingern gewälzt, wobei es ihm niemals gelungen war, über die Seite sechsundachtzig hinauszukommen. Sobald er daran dachte, war ihm weniger zum Lachen zumute, aber lächerlich war das Ganze trotzdem, geradezu albern, wie Richard sich eingestand, mordsalbern sogar, dieses fruchtlose Bebrüten jeder einzelnen Seite im Hinblick darauf, ob sie dem Professor würde gefallen können; aber nein, natürlich würde eine so miserabel komponierte und schlampig gedachte Seite dem Professor niemals gefallen, er würde sie vor lauter Ekel nicht einmal lesen wollen, so ungefähr hatte sich Richard damals den Professor beim Lesen oder vielmehr Nichtlesen einer Seite seiner Dissertation vorgestellt, und des Professors nach allen Möglichkeiten hin ausgemalter Ekel hatte verhindert, daß Richard die Seite siebenundachtzig hätte in Angriff nehmen können und von da aus weiter die Seiten achtundachtzig, neunundachtzig und so fort.

Gottlob, es war vorbei. Am Thema hatte es nicht gelegen. Oder doch? War das Thema zu groß gewesen für Richards Kopf? Zu subtil? Hatten ihn vielleicht die intrikaten Beziehungen, die zwischen den Jüngern und ihrem Herrn und zwischen den Studenten und ihrem Professor walteten – Jünger wie Studenten als zu erleuchtende Wesenheit, als Fleisch, in das der Geist fahren mußte –, daran gehindert, das Thema einfach zwischen zwei Fäuste zu nehmen und loszulegen?

Schon dem Kinde Richard hatte das Ausgießen des Heiligen Geistes großen Eindruck gemacht, besonders die Flämmchen, die auf die Köpfe der Versammelten gesprungen waren. Als ihm auf seine Bitten hin die Geschichte von der Großmutter wieder und wieder erzählt worden war, hatte sich der kleine Richard immer oben an den exakt gezogenen Scheitel gegriffen in Erwartung eines Flämmchens, das sich zu seiner Enttäuschung aber niemals dorthin hatte verirren wollen.

Die kindliche Entflammtheit für den großen Augenblick, die für den erwachsenen Richard nicht so ohne weiteres, höchstens mit einem karikierenden Grinsen, wiederzugewinnen war, konnte ihm für seine Dissertation nicht viel nutzen. Es nützte auch nichts, daß der kleine Richard unter den zungenfertigen Parthern immer einen Panther sich vorgestellt hatte, was die Sache sehr aufregend machte, denn Richard hätte sich für sein Leben gern mit einem ausgewachsenen Panther unterhalten.

Nein, der einsneunundsechzig große Richard war gescheitert, weil es ihm nicht gelungen war, hintersinnige Blumenbergfragen an die biblischen Texte heranzutragen und für diese Fragen wie in einem hochklassigen Billardspiel über die Bande treffsichere Antworten aufs Papier zu hacken.

Einzig das Kapitelchen über das pfingstliche Wasservogel-
singen der Ortschaft Ringelais im bayerischen Wald war nach
Richards Dafürhalten passabel, wenn nicht sogar gewitzt ausgefallen, vielleicht auch noch die Fußnote über einige mittel-
alterliche jüdische Gemeinden, in denen es Brauch gewesen
war, die Kleinen zu Shavuot im Alter von etwa fünf Jahren
auf das Lesepult der Synagoge zu stellen und sie dann in die
Schule zu tragen, wo sie die ersten hebräischen Buchstaben
lernten und mit Süßigkeiten gefüttert wurden, weil die Tora
ja süß in sie hineingehen sollte – alles schön und gut, aber er
hatte diese einzelnen Teilchen Blumenberg ja nicht losgelöst
von den anderen, zähen Teilen, die sich gedanklich nie vom
Boden lösten, zur Durchsicht geben können. Zäh, ja zäh, war
er zwischen dem Alten und dem Neuen Testament hin- und
hergekreuzt, hatte brav bei Moses begonnen, war über das
Buch Ruth zu Joel, zur Apostelgeschichte, zu Johannes gekommen, hatte brav von den Reparaturleistungen gehandelt, die
das Pfingstwunder an der Geschichte vom Turmbau zu Babel
vornahm, aber so geistesöde wie ein Bibelingenieur, und nicht
einmal ein guter, bis auf der vermaledeiten Seite sechsundachtzig die Quälerei zum Erliegen gekommen war.

Was hatte er sich abgerackert, um alles über die Meder,
die Parther, die Elamiter, die Kyrener in Erfahrung zu bringen, die nach der wundersamen Fleischerleuchtung so mun-
ter mit den Ägyptern und Römern geplaudert hatten, in ihrer

jeweils eigenen Sprache, doch von jedem anderen verstanden wie im Flug. Was aber Blumenberg seinen Studenten von Vorlesung zu Vorlesung lässig vorgeführt hatte, genau das war Richard versagt geblieben: auf etwas anderes hinzublicken, um zur Erkenntnis des einen anstelle von einem vagen Einerlei zu gelangen.

Auf dem Amazonas gab es ein dunstiges Einerlei, unterbrochen nur von dramatischen Sonnenuntergängen und milden Sonnenaufgängen, und Richard genoß die im Gleichmaß abrollenden Tage, die nichts, rein gar nichts von ihm forderten. Der Mai des Jahres 1975 war nicht besonders regenreich. Richard war seit Monaten schon auf dem südlichen Teil des amerikanischen Kontinents unterwegs. Opulente Romane, in denen das Leben auf jeder Seite nur so herausquoll, worin Levitationen so selbstverständlich waren wie das Treiben auf der Erde, hatten ihn hierher gelockt, wohl auch die letzten Wallungen des Revolutionsfiebers, das ihn, den in Paderborn geborenen Sohn eines Postbeamten, einst auf dem Gymnasium gepackt hatte, vor allem aber das Mißtrauen, welches er seinem verbrecherischen Heimatland gegenüber hegte – ein böses, fort und fort schwelendes Mißtrauen, an dessen Rändern die Paranoia flackerte.

Vor einiger Zeit hatte er am Zusammenfluß des Rio Ucayali und des Rio Marañón, wo der Amazonas begann, ein Schiff bestiegen. Er hätte es besser nicht treffen können. Auf dem brasilianischen Frachter, dessen himmelblauer Anstrich mit den grünen Aufbauten ihm schon im Hafen von Iquitos verlockend erschienen war, hatte er sich die vorderste Hängematte verschaffen können. Da hing er nun für sich im Freien und ließ den lauen Fahrtwind seinen Körper kühlen. Der Wind war gerade stark genug, daß er es den Mücken unmöglich machte, sich in ihm zu halten, und er war zu schwach, um auf Dauer unangenehm zu werden. Wenn er sich auf das konzentrierte, was vor seinen Augen lag, konnte Richard sich einbilden, er sei ganz allein auf dem Schiff, und dieses Schiff würde wie von selbst nach seinen Wünschen gelenkt.

Von den Dschungelgeschichten, die er gierig gelesen hatte, wußte er, daß der Amazonas an manchen Stellen sich verbreitete wie ein Meer, und genau so war es, allerdings hatte Richard ein braungraues Meer vor sich, kein blaues; weithin entzogen sich die Ufer den Blicken. Dann rückten die Ufer heran, und der Amazonas sah wieder aus wie ein Fluß. Daß er ein mächtiger Strom war, daran ließ der Amazonas nirgendwo einen Zweifel. Ganze Baumstämme trieben in ihm, er schleppte sie fort, als wären es Streichhölzer.

Aus den Tagen waren Wochen geworden, aus den Wochen ein Monat und mehr, Richard hatte den Überblick über die vorbeistreichenden Kalendertage längst verloren. Einen gleichförmigen Tag nach dem anderen in einer Hängematte zu verbringen, die so bequem war wie nichts sonst auf der Welt, löste einen merkwürdigen Schwebezustand aus. Ufernah, uferfern, seine Gedanken segelten in vollendeter Freiheit dahin, er döste und wachte im Wechsel, sah den Mond, sah die Sterne, weidete sich an den Wolken, die den Mond bedeckten und ihn wieder freilegten, sah diese Phänomene mit einer solchen Eindringlichkeit, als würde sein eigener, wohlig geborgener Körper mit den Himmelsmächten in geheimer Korrespondenz stehen. Aus Richard, dem zarten Richard mit den feinen blonden Haaren, der einst seine Eltern gehaßt und nicht recht gewußt hatte, wohin mit sich selbst, der dieses leidige Nichtwissen glänzenden Auges seinem Professor angetragen hatte, damit der ihm sage, wozu er in der Welt sei, wobei der Professor von seinen Nöten nicht das Geringste bemerkt, ja, wohl nur in einem entlegenen Gedächtniswinkel registriert hatte, daß es ihn überhaupt gab, aus diesem Richard war ein bedeutendes Wesen geworden, der Mittelpunkt des Universums, das auf der Mittellinie der Erde dahintrieb und mit den Toten in ebenso flüssigen Gedankenplaudereien in Verbindung trat wie mit dem zungenfertigen Panther seiner Kindheit. Er fühlte sich ins Glück gerückt. Lau und warm, niemals heiß oder brennend war das Wetter, manchmal ging ein warmer Regen auf ihn nieder, den er ebenso genoß wie das anschließende Trockenwerden.

Spektakulär waren die Sonnenauf- und Sonnenuntergänge. Rote Feuerzungen loderten abends über einer kompakten schwarzen Waldmasse, roséfarbener Frühnebel hüllte den scheu sich zeigenden Zartwald in ein morgendliches Negligé. Am meisten verblüffte ihn der schlagartig einsetzende Chor der Frösche und Kröten. Kaum waren die letzten Sonnenstrahlen vom Wasser zurückgewichen, ging auf die Sekunde genau dieser Chor los. Laut! Aus abertausend Froschkehlen wurde gequakt und geknarrt und gequarrt, was das Zeug hielt, einige Minuten lang, und genauso abrupt, wie der Lärm losgebrochen war, herrschte wieder absolute Stille, in die hinein sich nur der vertraute Motor des Schiffes zu hören gab. Alles Unangenehme rückte in weite Ferne. Die Bundesrepublik, dieses krampfige kleine Land mit seinen krampfigen Politikern, den krampfigen Terroristen, den krampfigen Feministinnen, war bloß komisch, ein Ländchen, das sich wichtig nahm, weiter nichts.

Zu Richards Heiterkeit trug der Kapitän bei, der ihn üppig mit Marihuana versorgte und überhaupt ein höchst angenehmer Gesellschafter war. Es war einfach, sich mit ihm zu verständigen. Richard hatte in Argentinien ein ziemlich flüssiges Spanisch gelernt. Der Kapitän verstand ihn und antwortete in einem spanisch-portugiesischen Mischmasch, welchem er durch Augenrollen, Brauenzusammenziehen sowie unter Zuhilfenahme flinker Hände, mit denen er Luftmalerei betrieb, deutenden Nachdruck verlieh.

Richard tat gar nichts, er lag einfach nur da, selbst dem Lesen, das sonst immer sein Tröster gewesen war, fühlte er sich nicht mehr gewachsen; er erwachte morgens mit einem großen Plan, den der gleichgültige Strom in ein schwimmendes Ungefähr trug und in tausend glitzernde Tröpfchen zerlöste, was kein Schade war, denn Richard wachte am nächsten Morgen mit einem ebenso herrlichen anderen Plan wieder auf.

Eines Abends in der Dämmerung steuerte der Frachter das Ufer an, obwohl von weitem keine Siedlung zu erkennen war. Doch siehe da, es gab einen Landungssteg. Der Froschlärm war gerade mit den letzten Strahlen der Sonne erloschen, von den Bäumen, von denen einige tief ins Wasser hineinragten, flogen geärgerte Vögel auf. Jetzt erkannte Richard, daß es sich doch um eine kleine Siedlung handelte, nicht aus festen Häusern, sondern aus Hütten und Blockhäusern zusammengewürfelt, die meisten von ihnen standen auf Pfählen. Der Kapitän bedeutete ihm, daß sie hier übernachten müßten, warum sagte er nicht, aber es sei für alles gesorgt, Richard könne in einer der Hütten unterkommen.

Es war eine Siedlung von Holzfällern. Halbnackte Träger kletterten über ein dünnes Brett an Deck und luden sich Säcke auf die Schultern, mit denen sie in einer geordneten Marschkolonne, über deren schweren Tritte das Brett bedrohlich durchhing, den Rückweg antraten. In der Siedlung brannten schon einige Karbidlampen. Es gab Weiße und Indianer, indianische Frauen kochten an offenen Feuerstellen. Richard wurde vom Kapitän in eine kleine Hütte gewiesen, die ebenfalls auf Pfählen stand. Ein was die Reinheit der Fingernägel anlangte nicht ganz vertrauenswürdiges junges Mädchen servierte ihm das Essen in einem Blechteller, Bohnen mit ein bißchen Fleisch, dazu reichte sie ihm einen ebenholzschwarzen Kaffee in einer Blechtasse mit einem schüchternen Lächeln. Das Lächeln schwebte noch lange in der Hütte, nachdem sich das Mädchen längst wieder zurückgezogen hatte, und Richard ertappte sich dabei, daß er wieder und wieder zurücklächelte, allerdings nur für die hölzerne Wand, an der hingen Bilder mit Badeschönheiten vom Strand aus einer Illustrierten.

Er entschloß sich zu einem kleinen Abendspaziergang, der ihn auf eine Zigarettenlänge um die Siedlung führte, allzu viel war dabei nicht zu erkennen, da es schon dunkel war, und die wenigen Lampen nur die Eingänge der Hütten beleuchteten. Letzte Wasservögel, die auf ihre Schlafnester zusteuerten, durchzogen als schwarze Klumpen das ufernahe Gewässer. Als er wieder vor seiner Hütte landete, hörte er es oben rumoren. Eine schwärzliche Affengestalt saß auf dem Dach und ruderte mit den langen Armen, worin Richard eine Einladung erblickte, er solle doch bitte zu ihm aufs Dach klettern. Von hinten zupfte etwas an seinen Hosenbeinen;

als er sich umwandte, erschrak er nicht wenig, da er einen Ameisenbären vor sich hatte, der an ihm emporstieg, indem er die Vorderkrällchen in Richards Hose hängte und mit der langen Schnauze Taschen, Falten und Höhlungen seiner Kleider absuchte. Daß der Bär freundlich gesonnen war, merkte Richard schnell, trotzdem blieb es unheimlich, von einem ihm bisher gänzlich unbekannten Tier einer Leibesvisitation unterzogen zu werden. Abrupt wandte sich der Bär von ihm ab und trollte sich in die Nacht. Auch der Affe war verschwunden. Ein verwunderter Richard drückte die Zigarette mit der Schuhspitze in den Sand und erstieg das Treppchen zu seiner Hütte.

Er schätzte sich glücklich, weil darin eine Hängematte aufgehängt war und er nicht auf ebener Erde schlafen mußte. An einem Deckenhaken war ein Moskitonetz befestigt, das sich wie ein Zelt um die Matte breiten ließ. Er löschte das Licht und legte sich schlafen. Nicht mehr daran gewöhnt, in einem Gehäus zu liegen, konnte er ewig nicht einschlafen; er vermißte die Bewegung des Schiffes, vermißte das Brummen des Motors und den Fahrtwind.

Etwas wischte unter ihm durch, es mußte unter dem Boden der Hütte sein, zwischen den Pfählen. Richard horchte mit gespitzten Ohren – da: Das Wischen wiederholte sich. Ein Tier streifte umher und bog im Streifen die Zweige, dazu tönten merkwürdige Rufe, die er nicht zuordnen konnte, aus der Ferne. In unregelmäßigen Abständen gab sich das Wischen zu hören. Um sich zu beruhigen, mußte Richard dem Tier, das sich den Hüttenuntergrund als Platz erkoren hatte, von dem aus es in die Nacht streunte und zu dem es immer wieder zurückkehrte, einen Namen und eine Gestalt geben. Er verfiel auf den sprechenden Panther seiner Kindheit, der zwar im Moment schweigend herumschlich, weil ihm die Meder, Elamiter und Kyrener fehlten, aber vielleicht konnte Richard, wenn er sich aus seiner Matte beugte und durch die Bodenritzen das Wort an den hingekauerten Panther richtete, eine kleine Konversation mit ihm anknüpfen?

Da hörte er einen Ton, der ihm durch Mark und Bein ging. Dunkel, wie aus einem Horn geblasen, mal schwächer, mal stärker, eine Drohung, die aus der Nacht auf ihn zurückte, beim Heranrücken vielleicht durch dicke Baumstämme gebremst wurde, die den Schall ein wenig von seiner Hütte ablenkten, um dann mit unverminderter Macht wieder direkt darauf zuzuhalten. Richard lag da wie gesteift. Etwas unvorstellbar Grauenhaftes, für das er keinen Namen wußte, kam ihn holen. Schweiß brach ihm aus allen Poren, er fühlte, wie seine Hände zitterten. Mit weit aufgerissenen Augen lag er allein im Dunkel der Nacht, unfähig, aufzustehen und die Lampe anzuzünden. Jäh fiel ihm ein Traum seiner Kindheit ein, aus dem er jedesmal schreiend erwacht war – in ein friedliches Gebirgsdorf mit Holzhäusern, auf deren Dächern der

Schnee lag, kam ein Hirte mit einer Herde Mammuts gezogen, riesigen Tieren, ein jedes größer als die Häuser, an denen sie auf ihrem Pfad vorbeischritten. Der Hirte war winzig neben ihnen und seine zwei Hütehunde auch. Da stürzte das kleinste Mammut, das am Ende der Reihe gegangen war, und blieb liegen im Schnee. Der Hirte fluchte und stieß ihm die Stiefel in den Bauch, aber davon war es nicht hochzukriegen. Er befahl den Hunden, anzugreifen, und sie bissen überall in sein Fell, doch blieben die Bisse wirkungslos, weil die Hunde so klein waren. Da packte den Hirten die Wut, wie aus dem Nichts holte er eine Peitsche hervor und hieb damit so erbarmungslos auf einen der Hunde ein, daß er ihm das Rückgrat brach. Das gellende Geschrei des Hundes füllte das Tal, füllte die Ohren des kleinen Richard, daß er laut schreiend erwachte.

Obwohl er wußte, daß die Szene nur aus der Erinnerung aufgetaucht war, gewann sie solche Macht über ihn, als hätte er sie gerade von neuem geträumt – mit einem Unterschied: Das größte der Mammuts, ein riesiges braunzottiges Tier, wandte den Kopf zu ihm her und sah ihn aus kleinen Augen an, dann hob es den Kopf mit den langen gebogenen Stoßzähnen in die Höhe, und der schreckliche Ton, wie von einem Horn geblasen, schallte durch das Tal. Da unten mußte noch immer der Panther liegen. Richard klammerte sich an den Gedanken, daß in dem sprachmächtigen Tier die Rettung aufgehoben sei, darum beugte er den Kopf aus der Matte und suchte Kontakt.

Zunächst tat sich nichts, selbst das Wischen blieb aus. Als aber Richard zum zweiten Mal flehentlich zu dem Panther hinunter flüsterte, drang eine dunkle, wiewohl klar zu verstehende Stimme zu ihm herauf, die sagte: Ich höre.

Zwei, drei Sekunden hielt Richard den Atem an, dann erfüllte ein Brausen seinen Kopf, und die Worte brachen nur so aus ihm heraus. Alles, was ihn je bedrängt hatte, alles, was er je hatte wissen wollen, wozu da, woher gekommen, wohin bestimmt zu gehen, wieso leiden, schuldhaft, schuldlos, gestraft, ungestraft oder erlöst, von wem, weshalb, wofür; alles, alles, alles brach sich Bahn, und von unten drang Gelächter herauf, das sich ein wenig raunzig anhörte, aber einmal in Fahrt, war Richard nicht mehr zu bremsen und vertraute der Bodenritze den ganzen Salat seiner Kümmernisse und Fragen an, und siehe da, im Laufe der Nacht, die eine kleine Ewigkeit währte, wurden die Dinge sortiert, Naturgeschichte, Menschengeschichte, Theodizee, es wurde habhaft gefragt und wie mit Reißzähnen präzis geantwortet, wobei die Konversation mit den Worten des Panthers endete, der Dschungel sei bald kein Dschungel mehr, Richard werde ja sehen.

Als das Gespräch erlahmt war, lehnte sich Richard in seine Matte zurück, doch bevor er einschlief, gaukelte noch eine Szene in seinem Kopf herum, die ihn nach Münster in die

Flure der Universität führte, wo Richard die Tür zu Blumenbergs Sprechzimmer aufstieß. Ohne lang zu fackeln setzte er
sich dem Professor gegenüber an dessen Schreibtisch und
legte los. Der brennende Blick des Professors wurde groß und
größer, Erstaunen malte sich darin, und mit diesem herrlichen Bild im Kopf schlief Richard, als der Morgen däm-
merte, endlich ein, schlief wohlig und tief, wie er nie zuvor
geschlafen hatte.

Die Tagesgeschäfte waren längst im Gange, als Richard
erwachte. Zum Frühstück gab es einen gebutterten Maniok-
brei, der ihm diesmal von einer weißhaarigen Frau gebracht
wurde, die kaum noch Zähne im Mund hatte. Der Frachter
sollte erst gegen Mittag abfahren, so hatte Richard noch Zeit
für einen Spaziergang. Er folgte einem breiten Weg, der aus
der Siedlung herausführte, und war erst fünf Minuten gegangen, da eröffnete sich vor ihm ein freies Feld, groß, riesengroß
sogar und ziemlich quadratisch, eine kahle Fläche, die in den
Wald hineingefräst worden war. Auf der Fläche regten sich
keine jungen Triebe, da war nichts außer Sand und kümmer-
liches Gras. Der Anblick war bestürzend. Alle Kräfte, die er
während der Nacht gesammelt hatte, wurden ihm wegge-
nommen. Richard machte kehrt und hatte nur noch den einen Wunsch: zurück in die Hängematte und Weiterfahren!

»Blumenberg« heißt der jüngste Roman der Schriftstellerin SIBYLLE LEWITSCHAROFF. Im Zentrum steht der Philosoph Hans Blumenberg (1920 bis 1996), in dessen Arbeitszimmer sich plötzlich ein Löwe auf dem Bucharateppich ausstreckt. Blumenbergs Werk kreiste immer wieder um die Kraft von Metaphern und Bildern. Mit dem Löwen hat er ein Wunder im Haus, denn den bequemen Ausweg einer Halluzination gestattet sich der Philosoph nicht. Und ringt mit seinem Realitätsproblem. Ganz anders in »Apostoloff«. Da lässt Lewitscharoff, Tochter einer Deutschen und eines Bulgaren, eine bissige Protagonistin mit der Heimat des Vaters abrechnen, pochend auf einen grausam-unbestechlichen Realitätssinn. Sibylle Lewitscharoff, 1954 in Stuttgart geboren, studierte Religionswissenschaften in Berlin. 1994 veröffentlichte sie ihr erstes Buch, »36 Gerechte«. Für »Pong« erhielt sie 1998 den Ingeborg-Bachmann-Preis.

Friederike Mayröcker

DER HL. MARKUS UND DIE TAUBE AM GIEBEL DES HAUSES IN WELCHEM ER SCHRIEB

nämlich sein Kopf in Flammen stand und er flehte zum hl. Geist und er stürzte in seine Knie und die Verwirrung in Sternen und Tränen grosz war und Gelüst eines Vogels und die Blüten eines Orangenhains und er in den Land Kemenaten sasz und sich verwunderte weil der Gesang der Wachtel und süszen Weins und schlief auf mit der Hand gestrichelten Blättern dasz sie zerknittert waren als er erwachte. Während John Dowland und feuchter Mohn.

Und ich fiel auf mein Angesicht zur Erden als der Feuerregen vom Himmel stürzte und mein Angesicht war zerbrochen und ich weinte bis 1 barmherzige Hand mich aufhob an meinem Scheitel, und die Flammen züngelten im Unterstand.

Nämlich Markus während er schrieb das Evangelium mit seiner linken Hand und verdrehte den Kopf als lausche er einer himmlischen Musik: den Gesängen nämlich des hl. Geistes der von der Decke mit ausgebreiteten Schwingen was sein Herz in Wallung versetzte, inmitten von Sternen und Tränen, verdrehte den Kopf in seinem Halo und drehte den Kopf zur Seite und nach oben und sah die Flammen im Himmel und schrieb, und er spürte die Flamme an seinem Scheitel an seinem Kopf und es befiel ihn 1 Fieber, und Markus lag da und hatte 1 Halo ums Haupt geschlungen und zu seinen Füszen der Löwe hatte auch 1 Halo ums Haupt geschlungen, und er hielt die Schreibfeder in der linken

Hand und er schrieb in 1 groszes Buch welches das Evangelium war **und gewinnt grosze Zweige,** und er war geschuht und beschuht und er trug, dasz er 2 Röcke von Purpurfarbe anzöge, nämlich der **Koloratur Exzesz** dasz er sang während er schrieb und begab sich in 1 Gestrüpp weil er toll war in seinem Kopf und er seufzet in seinem Gemüt, und er sah Menschen wie Bäume gehen, und er sah 1 Feigenbaum, von ferne, der Blätter hatte, da trat er hinzu ob er etwas finde und da er hinzukam fand er nichts als nur Blätter denn es war noch nicht Zeit dasz Feigen sein sollten, und das Gesicht eines Vogels

Ihr Lebenshunger sei ungestillt, sagt sie. Und Leben heißt für FRIEDERIKE MAYRÖCKER Schreiben. In ihrer Wiener Wohnung lebt die Siebenundachtzigjährige in einer papiernen Festung aus Zetteln, Büchern und Papieren. Körbeweise notiert sie ihre Ideen, Einfälle und Assoziationen, um diese für ihre Lyrik- und Prosatexte zu verwenden. Soeben ist ein weiterer Band von ihr erschienen: »Vom Umhalsen der Sperlingswand, oder 1 Schumannwahnsinn« (Suhrkamp 2011), in dem sie wie in einem verwirrenden Spiegellabyrinth die Beziehung von Robert und Clara Schumann ihrer fast 50 Jahre währenden Lebensgemeinschaft mit Ernst Jandl gegenüberstellt. Der Schöpfer der Konkreten Poesie starb im Jahr 2000. Wie sehr sie ihn, den Gefährten im Leben wie im Arbeiten, vermisst, lässt sich nur erahnen. Über seine größere Popularität als Lyriker hat sie sich immer neidlos gefreut. Friederike Mayröcker selbst gilt als eine der bedeutendsten zeitgenössischen Dichterinnen des deutschen Sprachraums.

Ilma Rakusa

STAUNE UND VERTRAUE

Alle Kinder wollen das Wunder, und das Kind in uns will von diesem Wunsch nicht lassen. Dass uns Flügel wachsen, - dass es Goldstücke regnet, dass Wüsten sich in Paradiesgärten verwandeln, dass sich Tischlein decken und uns mit Köstlichkeiten verwöhnen, dass Tote lebendig werden, Böses verdorrt, dass wir Gefahren mit Siebenmeilenstiefeln oder unter dem Tarnmantel der Unsichtbarkeit entkommen, dass Raubtiere zahm vor uns niederknien und Zauberflöten schlechte Geister verscheuchen, dass die Erde sich auftut und Bösewichter verschlingt, dass wir die Sprache der Tiere verstehen und aus der armen Fischerhütte ein Königspalast wird. Märchen versorgen uns mit solchen Wundern, aber nicht nur sie. Da ist die Bibel, da sind die Heiligenlegenden.

Wie viele Wunden – so viele Wunder.

Im Alten Testament schickt der Herr sieben Plagen über Ägypten und lässt das Rote Meer austrocknen, damit die Israeliten es trockenen Fußes durchqueren können, während die ägyptischen Verfolger mitsamt Ross und Wagen in den Fluten untergehen. Später fällt Manna vom Himmel und sprudelt Wasser aus dem trockenen Fels, damit das auserwählte Volk am Leben bleibt. Und hat Sara nicht mit neunzig dem hundertjährigen Abraham den Sohn Isaak geboren? Eines Tages dann wird die Jungfrau Maria – nach unbefleckter Empfängnis – den Propheten und Heiland Jesus gebären. Jesus, den sanften Rebellen, der über die Wasser des Sees Genezareth wandelt, der Brot und Wein auf wundersame Weise vermehrt, der Kranke heilt, Blinde sehend macht und Lazarus von den Toten auferweckt. Und die Zaudernden nach seinem Tod mit dem größten aller Wunder konfrontiert: seiner eigenen Auferstehung.

Wer glauben mag, glaube das Mysterium. Denn ohne Glauben klingt es wie ein phantastischer Spuk. Und phantastisch klingt, was den Aposteln widerfahren ist: Wie sie, vom Brausen des Heiligen Geistes erfüllt, in Hunderten von Zungen zu reden anhoben und Pfingsten die Babelsche Sprachverwirrung entkräftete.

Auch in den zahllosen überlieferten Heiligenlegenden ist der Wunder kein Ende. Es gibt Märtyrerinnen, aus deren

Adern Milch statt Blut fließt, Märtyrer, die ihre abgeschlagenen Köpfe auf Händen tragen oder solche, vor denen das Feuer im Feuerofen weicht und Bären und Löwen sich zurückziehen. Der Heiligen Agnes wachsen, als sie unter Kaiser Diokletian in ein Bordell gesteckt wird, die Haare zum Schutz bis zu den Fersen, und ein Engel bringt ihren ersten Freier zu Tode, den sie aber gnädig wieder auferweckt. Sie stirbt schließlich nicht auf dem Scheiterhaufen, der bei ihrem Anblick auseinanderfällt, sondern an durchschnittener Kehle. Der heilige Wüstenvater Athanasius zähmt die Naturgewalten und die wilden Tiere, wendet Plagen ab, treibt Teufel aus, und vollbringt Wunderheilungen. Der Heilige Nikolaus, Bischof von Myra, rettet Schiffer in Seenot. (Seit dem Mittelalter zählt er zu den 14 Nothelfern, ist der Schutzpatron von Seefahrern, Kaufleuten, Bäckern, Apothekern, Gefangenen, Kindern und Schülern.) Der Brückenheilige Nepomuk, der vom böhmischen König Wenzel nach Folterung in der Moldau ertränkt wurde, beschützt die Flussüberquerer, der Heilige Blasius, von seinen Peinigern in einen See geworfen, dessen Wasser nach seiner Segnung erstarrte und ihn wie eine Brücke trug, rettet (an Fischgräten) Erstickende.

Über den russischen geistlichen Vater Feodossij, den Gründer des Kiewer Höhlenklosters, weiß die Legende zu berichten, er sei mit seiner »hochwürdigen Herde« in der

Kirche zum Morgengebet versammelt gewesen, als Räuber ins Gotteshaus stürzten. »Und als sie kamen, geschah plötzlich ein Wunder zum Fürchten: die Kirche wurde vom Boden hochgehoben mit denen, die in ihr waren, und stieg in die Luft auf, so dass sie mit ihren Pfeilen sie nicht erreichen konnten. Die aber in der Kirche mit dem Seligen waren, gewahrten nichts, noch hörten sie etwas. Jene aber, die das Wunder sahen, fürchteten sich und kehrten zitternd nach Hause zurück und bekehrten sich in ihrem Sinn, dass sie hinfort niemand mehr Böses tun wollten.« Auch Feodossijs Gabe, Mehl und Met zu vermehren, steht im Dienst der Bekehrung der Ungläubigen. Wunder sind furchtgebietende Zeichen, weil Eingriffe des Übernatürlichen, aber als Manifestationen göttlicher Vorsehung haben sie eine klare Funktion: Gutes zu beschützen, Böses zu vernichten oder in Gutes umzuwandeln. Die Antwort auf Wunder sind Dank und »blühende Gebete«.

Als häufige Besucherin katholischer und orthodoxer Liturgien habe ich die gesungene Anrufung der Heiligen Dreifaltigkeit, der Gottesmutter, der Heiligen Apostel und »aller Heiligen« im Ohr, die endlosen Litaneien, die die Aufzählung der Namen mit dem Nachsatz »bete für uns«, »erhöre uns« oder »erbarme dich unser« verbinden. Und ich sehe die bildlichen Darstellungen von Barbara mit dem Turm, Katharina mit dem Rad, Christophorus mit dem geschulterten Jesuskind, Sebastian mit dem pfeildurchbohrten Körper, Margareta mit Kreuz und Drachen, Hieronymus mit Buch und Löwen, Agnes mit dem Lamm, Laurentius mit dem Rost, Valentin mit dem Schaufelstab, Nikolaus mit Mithra, Stab und Buch, sehe die goldleuchtenden Ikonen von Johannes Chrysostomus, Gregor dem Wundertäter, den Märtyrern Boris und Gleb, der Heiligen Paraskewa, den Vierzig Märtyrern von Sebaste, dem Heiligen Kyrill, Georg dem Drachentöter, den Aposteln Petrus und Paulus, dem Heiligen Nikolaus im weißschwarzen Bischofsgewand. Und sehe die Auferstehungsikone: Christus, wie er aus dem Grab steigt, »durch seinen Tod den Tod bezwingend«.

Für die orthodoxen Christen ist die Auferstehung das Herzstück ihres Glaubens. Vierzig Tage lang, bis zum Fest der Himmelfahrt, erschallt der russische Ostergruß: »Christus ist auferstanden! Er ist wahrhaftig auferstanden!« Die Furcht vor dem Wunder ist hier reiner Freude gewichen. Einer ehrerbietigen und zugleich kindlichen Freude, die sich der Glaubenstatsache beugt. Oder einem Staunen, wie es Matthias Grünewalds auferstandener Christus in seinem visionären, mystisch entrückten Lichtglanz hervorruft.

Wunder sind das schlechterdings Andere, Inkommensurable, Unnachahmliche. Wunder liegen außerhalb menschlicher Reichweite und Planung. Sie ereignen sich durch göttliche Fügung, sie gehorchen einer höheren Regie. Und nur wo Menschen sich als auserwählte Handlanger des Göttlichen erweisen, können sie wundertätig werden. Dem Wunder wohnt Beweiskraft inne, zumal dem materiellen. Sichtbare Brotvermehrung, Heilung, Zähmung der Elemente frappiert durch Evidenz. Doch der Schauder des Wunders kann auch ein geistiger sein: innere Erleuchtung, Umkehr, Verwandlung sind seine Spielarten. Und wen es trifft, ist ein Gezeichneter, der Konsequenzen zu tragen hat, indem er seine Erfahrung bezeugt. Das griechische Wort »martyr« heißt »Zeuge«, wobei die Märtyrer ihre Zeugenschaft so weit trieben, dass sie zu »Blutzeugen« wurden und dadurch den Rang der Verehrungswürdigkeit erlangten.

Wunder sind bestürzend, verwirrend, ehrfurchtgebietend, verpflichtend, aber sie können auch tröstlich und poetisch sein, sofern das Herz sie als solche animmt. (Mit dem Verstand sind sie kaum zu fassen.) Das Pfingstwunder versetzt meine Phantasie – bei jeder Lektüre – in helle Aufregung: dieser plötzliche Segen von oben, der jeden zum Vielsprachigen macht. Verschwunden die Verständnisbarrieren, das Stottern und Schweigen, jeder redet gelöst, mit Himmelszungen. So entsteht die Vision einer einträchtigen Gemeinschaft von Brüdern und Schwestern im Geiste, jenseits von ethnischen, sprachlichen und politischen Grenzen. Wobei Eintracht nicht Einheit oder Uniformität meint, ganz im Gegenteil. Dieses Wunder feiert die Vielfalt, spricht doch jeder neben seiner eigenen Sprache die aller andern, eine dominante lingua franca ist nicht in Sicht. – Freilich reden die »Erweckten« nicht irgendetwas, sondern predigen, verkünden das Lob Gottes. Und es ist wohl der Inhalt der Worte, der mehr noch als der multilinguale Taumel an sich zur Irritation gewisser Anwesender führt. Die Apostelgeschichte (2, 7–13) verhehlt die Verstörung nicht: »Sie entsetzten sich aber, verwunderten sich und sprachen: Siehe, sind nicht diese alle, die da reden, aus Galiläa? Wie hören wir denn jeder seine eigene Muttersprache? Parther und Meder und Elamiter und die wir wohnen in Mesopotamien und Judäa, Kappadozien, Pontus und der Provinz Asien, Phrygien und Pamphylien, Ägypten und der Gegend von Kyrene in Libyen und Einwanderer aus Rom, Juden und Judengenossen, Kreter und Araber: wir hören sie in unsern Sprachen von den großen Taten Gottes reden. Sie entsetzten sich aber alle und wurden ratlos und sprachen einer zu dem andern: Was will das werden? Andere aber hatten ihren Spott und sprachen: Sie sind voll süßem Wein.«

Das Wunder ist radikal und plötzlich, es stellt Gewohntes in Frage, hebt es im Handumdrehen aus den Angeln. Dass es Widerstand provozieren kann, liegt in seinem Wesen. Und doch appelliert es an unsere Offenheit und Wandlungsfähigkeit. Wer zögert, hat seine Chancen verspielt. Das richtet sich auch an die zaudernd-skeptische Ratio, oder nennen wir es den gesunden Menschenverstand. Für einmal hat er das Nachsehen.

Was wäre, wenn beispielsweise am Weltwirtschaftsforum in Davos, wo sich Politiker, Ökonomen, Journalisten aus aller Welt treffen, um brennende Fragen zu diskutieren, sich das Pfingstwunder ereignen würde? Da könnten sich ein Koreaner und ein Baske, ein Chinese und ein Türke, ein Libanese und ein Norweger unterhalten, ohne auf Dolmetscher angewiesen zu sein, da herrschte – statt der strapazierten Verkehrssprache Englisch – demokratische Sprachenpluralität. Ich rede in deiner Sprache, wenn du willst, du in meiner, wenn du willst. Und da Sprachen ihre Eigenheiten haben und die Denkweise prägen, könnte pfingstliche Multilingualität Missverständnisse spielend beseitigen. Ein vielstimmig-lauter Chor wäre es gewiss, der die Plenarsäle füllte, aber ebenso ein inspirierter, beseelt vom Geist der Eintracht und dem Willen zum Förderlichen.

Nicht auszudenken, was es hieße, ohne übersetzerische Hilfe auszukommen. Übersetzen, das weiß ich aus eigener Erfahrung, ist eine Crux. Allzu vieles lässt sich nicht übertragen, auf Schritt und Tritt bauen sich Hindernisse auf. Annäherung ist das einzige, was erreicht werden kann. Babel tut weh.

Wunder rütteln an der Kontingenz, indem sie das Unmögliche möglich machen. Indem sie punktuell Verhältnisse herstellen, die rettend sind. Eine Vervollkommnung der Welt streben sie nicht an, auch wenn Jesu Auferstehung für den gläubigen Christen von weitestreichender Konsequenz ist. Denn sie sind keine Großprojekte, keine Fortschrittsinstrumente. Unerwartet schlagen sie zu: atemberaubend im wahrsten Sinne des Wortes.

Als wundergläubig würde ich mich nicht bezeichnen, nie bin ich nach Lourdes gepilgert, habe mich nie um Handauflegungen bemüht, habe die 14 Nothelfer mit Bitten verschont. Und doch hoffte ich einmal auf ein Wunder, inständig und ziemlich verzweifelt. Ich war auf der griechischen Insel Patmos, wo nach der Überlieferung Johannes das Buch der Offenbarung geschrieben haben soll. Seit Tagen blies der Nordwind, bei klarstem Wetter. Eines Morgens schien er sich beruhigt zu haben, und ich entschloss mich, mit dem Schiff auf die kleine Nachbarinsel Lipsos zu fahren. Ein Tagesausflug. Die Hinfahrt verlief unproblematisch, obwohl der Meltemi in Böen auf sich aufmerksam machte. Anders auf der Rückfahrt, gegen halb sechs. Kaum hatten wir das schützende Eiland verlassen, spürten wir seine grausame Wucht. Das kleine Schiff, es fasste ungefähr dreißig Passagiere, schaukelte wie eine Nussschale im tobenden, schaumzerzausten Meer. Die Wellen waren riesig, kamen in Staffeln auf uns zu, schlugen und zerrten, hoben und senkten das Schiff. Zum Lärm des entfesselten Elements kam der Lärm der Schiffsmotoren, die auf Hochtouren arbeiteten. Und durch einen Lautsprecher ertönte heiseres Geschrei: Von irgendeiner Zentrale aus wurden dem Kapitän barsche Befehle erteilt. Es sah schlecht aus. Vor mir saß ein Pope, der sich ständig bekreuzigte und laut den Heiligen Nikolaus – Hagios Nikolaos – um Rettung anrief. Er wusste schon, warum. Ich dachte an meinen kleinen Sohn, den ich zu Hause zurückgelassen hatte, fragte mich, welcher Teufel mich geritten habe, diese Fahrt zu machen, die sich als lebensgefährlich erwies. Noch nie hatte ich mich so ausgeliefert und ohnmächtig gefühlt. Die Angst saß mir in den Knochen, ließ mich frösteln und erstarren. Und inmitten dieser Starre betete ich zum Himmel, auf ein Wunder hoffend. Mindestens dreißig Minuten dauerte der Schrecken, das Schweben zwischen Leben und Tod. Eine gefühlte Ewigkeit lang. Dann erreichten wir, Nikolaus sei Dank, den rettenden Hafen von Skala. Geschafft. Die kleine Schicksalsgemeinschaft sah sich verwundert an. Ich eilte in die erstbeste Kirche, küsste die Nikolaus-Ikone. Und trank anschließend einen doppelten Raki. Seither fürchte ich das offene Meer.

Wunder, Wunder. Ein besonderes Wort. Davon abgeleitet »wunderbar« und »wundersam«, »wundervoll« und »wunderschön«, aber auch »wunderlich« und »wundertätig«. Es gibt den »Wunderbaum«, die »Wunderblume«, das »Wunderding« und den »Wunderdoktor«, das »Wunderhorn«, das

»Wunderkind«, die »Wunderkerze« und die »Wunderquelle«, das »Wunderland«, das »Wundermittel«, die »Wunderwelt« und das »Wunderwerk«. In allem steckt etwas Überraschendes, Erstaunliches, mitunter Seltsames und Befremdliches. Alice im Wunderland erlebt phantastische Dinge, die das Wunderbare ebenso wie das Wunderliche streifen und sich zwischen »Tränenseen«, »Hummerquadrillen« und sprechenden weißen Kaninchen abspielen. Ohne Ernst geht es freilich auch hier nicht zu. Das Wundersame ist nicht notgedrungen verrückt und absurd. Obwohl dem Wunder zutiefst ein »quia absurdum« anhaftet.

Als Normverstoß im Quadrat widerspricht es jeder Logik, außer – im religiösen Kontext – der Logik göttlicher Vorsehung, eines höheren Heilsplans. Aus dieser Logik leitet es seine Berechtigung und Funktion ab, mag das Wunder als solches reinstes Paradox und nicht selten absurd sein. Aber wie heilsam, dass Regeln einmal außer Kraft gesetzt sind und der Verstand genötigt ist, seine Fesseln abzulegen. Wie wichtig der Schock, mit dem ganz Andern konfrontiert zu werden. Das Wunder macht den, der es erfährt, demütig. Während selbsternannte Wundertäter zur hochmütigen Familie der Zauberer zählen, denen nichts heilig ist außer ihrer unumschränkten Macht. Blinde Wundergläubigkeit also birgt Gefahren, denn falsche Propheten gibt es zuhauf, und wer ihnen verfällt, wird eines Tages tief ernüchtert zur Besinnung kommen. Die wahren Wunder entheben nicht der Verantwortung gegenüber dem eigenen Tun, ganz im Gegenteil. Und mag diese Verantwortung darin bestehen, dem Ruf nach innerer Umkehr zu folgen, sein Leben zu ändern. Nimmt uns der Engel »plötzlich ans Herz« (wie es in Rilkes Erster Duineser Elegie heißt), vergehen wir »von seinem stärkeren Dasein«.

Das Wunder (das wahre) überwältigt, aber es versetzt uns auch in einen Zustand der Kindlichkeit. Staunend die Augen, staunend das Herz. Dieses Staunen gilt es sich als »Kind Gottes« zu erhalten, das Staunen und das Vertrauen.

Sie ist an vielen Orten und in vielen Sprachen aufgewachsen. Geboren 1946 als Tochter eines Slowenen und einer Ungarin, verbrachte ILMA RAKUSA ihre ersten fünf Lebensjahre in Budapest, Ljubljana und Triest, bevor sich die Familie Anfang der fünfziger Jahre in Zürich niederließ. Aber sie schreibt und übersetzt immer nur auf Deutsch. Diese beiden »Passionen«, so sagt sie, stünden bei ihr nicht in Widerstreit, im Gegenteil, sie seien nur verschiedene »Mittel zur Erkundung der Fremdheit«. Und Fremdheit scheint ein zentrales Wort im Leben und Werk von Ilma Rakusa zu sein, die immer noch in Zürich lebt, auch wenn diese Stadt nie wirklich zu ihrer Heimat wurde. Ihr Sehnsuchtsraum bleiben Mittel- und Osteuropa, die Orte ihrer frühen Kindheit, deren Magie sie in ihrem jüngsten Buch »Mehr Meer. Erinnerungspassagen« (Droschl 2009) in poetischen Vignetten und verdichteten Impressionen heraufzubeschwören versucht. Die Suche nach einer Zeit, die für sie niemals verloren war.

Kaspar Schnetzler

SPRACH-
WUNDER

Es ist nicht verwunderlich, dass man ins Grübeln gerät und sich wie ein Galiläer vorkommt, zu dem an Pfingsten pamphylisch geredet wird, wenn man herausfinden will, was eigentlich ein Wunder ist. Uneigentliche Wunder sind kinderleicht zu definieren. Wenn man dem Volk aufs Maul schaut, ist alles Mögliche ein Wunder: ein Spiel des FC Bayern ohne profunden Kommentar des Kaisers is a Wuntr; ein Schweizer Bundesrat, der in Steuersachen Führungsstärke zeigt, ist ein Wunder und eine ebensolche Bundesrätin gerade noch einmal eins; das amerikanische Beef ist ein Wunder, vom gegenwärtigen amerikanischen Präsidenten und seinem Vorgänger gar nicht zu reden! Für uneigentliche Wunder gibt es demnach beliebige, zahllose Beispiele, ja, die Tatsache, dass das Wort, gemessen an der Häufigkeit seiner Verwendung, Gemeingut der Alltagssprache geworden ist, legt den Schluss nahe, dass wir auf einer wunderbaren Welt in einer wunderbaren Zeit leben! Da steht man stumm und staunt – und findet sich so in der Lage, die der Etymologe Friedrich Kluge für das Verhalten einem Wunder gegenüber als ursprünglich erklärt: Ein Geschehen verschlägt einem die Sprache, weil man es nicht für menschenmöglich hält. Das Wunder ist damit noch nicht definiert, weil es so viele Möglichkeiten wie Menschen gibt. Meine Wundergeschichte kann deshalb nur ein Einzelbeispiel sein, über dessen Gültigkeit lasse ich gern die geneigte Leserschaft entscheiden.

Mein Beispiel handelt von einem kleinen Wunder im Sinne von Friedrich Kluge, hat aber nichts mit Verstummen zu tun – im Gegenteil!

*

Herr K – um ihn mit dem Kürzel zu benennen, das zwei Große meiner Zunft zu dem Zweck verwendeten, Persönliches ins Allgemeine zu erheben – Herr K hatte in reiferen Jahren noch ein Kind gezeugt. Das ist, wie heute auch Gläubige beider christlichen Konfessionen annehmen dürfen, kein Wunder, sondern eine ganz natürliche Sache, faktisch beweisbar durch die Geburt. Dass dieses Kind zur Freude der

Eltern K gesund zur Welt kam, ist zwar nicht selbstverständlich, auch wenn es natürlich ist, aber statistisch gesehen kein Wunder, eine Mehrheit hat nichts Wunderbares an sich. Für den bei der Geburt hilf- und nutzlos assistierenden Vater allerdings bewundernswert, wie sich werdende Mutter, Hebamme und Gynäkologin verhielten. Als dann aber das Kind gewaschen und gewickelt vorlag, war die Versuchung groß, es als ein kleines Wunder der Natur (und, aus Vaters Sicht, der eigenen Schöpferkraft) anzuschauen. Verwunderlich war das nicht, weil das alle Eltern und die Väter aller Neugeborenen tun. Nicht wahr?

Dann machte sich das kleine Wesen auf, sich ganz normal nach den Gesetzen der Natur und dem Vermögen der Eltern zu entwickeln, und erreichte nach einem Jahr und etlichen Monaten die Phase, wo es zur Sprache fand und damit einen wunderbaren Lebensbereich betrat. (Ja, gehen konnte es auch schon). Das Kind schritt beherzt und neugierig durch den neuen Lebensraum, bald lagen Schrei-, Plärr- und Lallstadium schon so weit zurück, wie es in der kurzen Vergangenheit seines Daseins überhaupt möglich war.

An dieser Stelle meiner Wundergeschichte muss ich erwähnen, dass die Familie K zweisprachig war. Die Sprache der Mutter war Tschechisch, die Vatersprache Deutsch in einer dialektalen Ausformung, die nördlich des Rheins schnell ein Lächeln auszulösen pflegt, je nördlicher desto schneller. Ein

Exkurs über »Die Muttersprache als Mittel der Welterkenntnis« liegt nahe, aber er würde die Geschichte unnötig verlängern, es reicht, wenn ich festhalte, dass die Eltern K davon überzeugt waren, dass sie ihre Liebe dem Kind am besten je in ihrer Muttersprache vermitteln konnten. Die Folge war, dass das Kind mit einer Muttersprache und einer Vatersprache aufwuchs. Dass dies eine ganz besondere Art von Zweisprachigkeit war, stellte Herr K mit Erstaunen fest, weil er, wie angedeutet, in einer Zeit aufgewachsen war, als nur von der Muttersprache die Rede war. So gut wie man nur von einem Vaterland redete. Diese Sprachregelung war von den Angehörigen beider Geschlechter als Normalfall akzeptiert, weil sie noch nicht von gender studies gehört hatten.

Nun war es halt anders geworden und Herrn und Frau Ks Kind wuchs zweisprachig auf. War es mit der Mutter zusammen, hörte und sprach es Tschechisch. War es mit dem Vater zusammen, sprach und hörte es Deutsch. Man konnte, wenn man die Anlage dieses Familiensprachmodells kannte, nicht von einem Wunder sprechen. Dessen war sich auch Herr K bewusst, aber er staunte doch, wie das Kind ohne Probleme in die beiden doch sehr unterschiedlichen Sprachen hineinwuchs und Sicherheit gewann. Er staunte dann noch mehr, als er selber das Studium der tschechischen Sprache aufnahm, um verstehen zu können, was Mutter und Kind miteinander redeten. Das trieb ihn nämlich bald an den Rand der Verzweiflung, gab ihm das Gefühl totaler Hilflosigkeit. Hineingewachsen in die deutsche Muttersprache, geschult in andern germanischen und romanischen Sprachen, wo sich immer eines zu einem andern finden ließ, fand er keinen einzigen solchen Halt in der slawischen Sprache. Mit Mondgestein reden konnte nicht schwieriger sein.

Und nun erlebte er ein Kleinkind, das in beiden Sprachen daherparlierte, als wäre es das Normalste auf der Welt. Es war das Normalste, weil es einmal mit der Mutter und ein andermal mit dem Vater sprach. Nach einer gewissen Angewöhnungszeit lernte auch Herr K, das Sprachverhalten seines Kindes so sachlich und vernünftig zu beurteilen. Seinen Stolz, dass sein Kind so etwas konnte, ließ er sich deswegen nicht nehmen.

Es gab aber eine dritte Anordnung in diesem Modell, und die sprengte nun Herrn Ks Begriffs- und Anpassungsvermögen. Wenn Mutter, Vater und Kind, alle drei zusammen waren und miteinander redeten, dann konnte das Kind mitten in einem Satz vom Tschechischen ins Deutsche wechseln und wieder zurück, ohne auch nur den Bruchteil einer Sekunde zögern, überlegen oder gar übersetzen zu müssen. Es kam einfach so, fehlerlos, leicht und locker, als könnte es gar nicht anders sein.

Wissenschaftlich gesehen konnte es tatsächlich nicht anders sein, das war neurologisch und chemisch nachweisbar.

Herr K war ein wacher Zeitgenosse, er verschloss sich den Erkenntnissen der Hirnforscher nicht. Aber er selbst war kein Wissenschaftler, er war ein Laie, der sein Kind als ganzes, ungeteiltes Wesen wahrnahm. »Dass so etwas bei einem Kleinkind menschenmöglich ist, werde ich nie verstehen«, sagte er.

»Kein Wunder!«, lächelte Frau K.

Zürich, die Stadt, in der **KASPAR SCHNETZLER** 1942 geboren wurde und in der er heute als freier Schriftsteller lebt, ist auch der Schauplatz seiner beiden großen Romane, »Das Gute« und »Kaufmann und das Klavierfräulein« (bilgerverlag, 2008 und 2010). Mit diesen Büchern gelingt es ihm, den Familienroman, der sich als literarisches Sujet überlebt zu haben schien, auf beeindruckende Weise neu zu entdecken. Denn Schnetzler verknüpft die Geschichte des privaten Lebens mit welthistorischen Ereignissen und Wandlungen, webt in die Wirrungen, Konflikte, Annäherungen und Entfremdungen einer Familie über Generationen hinweg Zeitgeschehen ein, ohne dass diese Verknüpfung jemals gewollt oder künstlich erscheint. »Kaufmann und das Klavierfräulein« liest sich darüber hinaus als eine Hommage an die starken und klugen Frauen des frühen 20. Jahrhunderts, die viele Freiheiten erst erkämpfen mussten, die ihre Ur-Enkelinnen heute für ganz selbstverständlich halten.

Margit Schreiner

DIE HOCHZEIT ZU KANA

Und ich sage noch zu meinem Sohn sinngemäß: Du musst etwas tun! Ich meine, der Wein war aus. Eine Hochzeit mit über hundert Gästen und bereits nach einem halben Tag kein Wein mehr. Bei uns in Galiläa dauert eine Hochzeitsfeier zwei Tage. Mindestens. Keine Ahnung, wie so etwas passieren konnte, mir wäre es jedenfalls nicht passiert. Da rechne ich doch vorher nach. Hundert Gäste, jeder drei bis vier Liter, das sind 400 Liter Wein, ich würde sagen: 500 Liter sind noch besser. Zur Sicherheit. Manche trinken ja Unmengen von Wein während so einer Hochzeitsfeier. Gut, andere wieder trinken gar nicht. Ich zum Beispiel trinke keinen Wein, weder während einer Hochzeitsfeier noch sonst wann oder wo. Ich trinke grundsätzlich keinen Alkohol. Die meisten Frauen trinken keinen Alkohol oder jedenfalls nicht solche Mengen wie die Männer. Möglicherweise hat die Brautmutter alle Frauen bei ihrer Weinberechnung abgerechnet und weiter dann noch damit gerechnet, dass die Männer pro Kopf höchstens zwei Liter Wein trinken. Das ist meiner Meinung nach – und die hat sich dann ja auch bestätigt – eine völlig falsche Rechnung. Erstens muss man damit rechnen, dass auch die Frauen, jedenfalls die jüngeren, Wein trinken, und zweitens trinken Männer in zwei Tagen mindestens vier Liter Wein. Und das sind noch die vernünftigeren. Man hört ja neuerdings davon, dass besonders die jungen Menschen, ob männlich oder weiblich, bei ihren Feiern so viel Wein trinken, dass sie ins Koma fallen. Ich muss extra erwähnen, dass das nicht der Fall war, als nach einem halben Tag Hochzeitsfeier der Wein aus war. Niemand lag im Koma, es war auch im Wesentlichen noch niemand volltrunken. Es kann keine Rede sein von irgendwelchen Orgien, bei denen Zicklein oder Götter lebendig zerrissen werden. Deswegen hat es mich ja so gewundert, dass nach so einer kurzen Zeit bereits der Wein aus war. Kann sein, dass es wirklich ein Racheakt war. Zumindest wollte die Brautmutter es so hinstellen. Ein abgewiesener Verehrer der Braut, der das Fest vermasseln wollte. Na ja. Trotzdem komische Ausrede. Wie hätte er das machen sollen? Ein schweres Fass

Wein einfach verschwinden lassen? Ein Loch ins Fass schlagen, damit der Wein ausläuft? Das hätte man doch gemerkt. Jedenfalls, die Brautmutter war verzweifelt, die Braut und der Bräutigam natürlich auch, die Verwandten waren zum Teil weither gekommen und hatten sich wahrscheinlich schon wochenlang auf die Sauferei gefreut. Weil, soweit ich das mitbekommen habe, war der Bräutigam nicht gerade aus bestem Hause, seine Verwandten waren jedenfalls bei weitem nicht so gut gekleidet wie die Verwandten der Braut, und, das ist leider eine traurige Wahrheit, je weniger Geld die Menschen haben, desto mehr trinken sie. Was wiederum daran liegen kann, dass die Reichen so teuren Wein trinken, dass sie sich nicht mehr als zwei Liter am Tag leisten können. Was übrigens im Falle dieser Hochzeitsfeier nicht so war. Der erste Wein war nicht besonders, wie der Küchenmeister selbst bestätigte, als er den zweiten Wein kostete, in den mein Sohn das Wasser verwandelt hatte. Er sagte wörtlich zu dem Bräutigam, den er extra herbeigerufen hatte, weil er ja nicht wusste, dass mein Sohn das Wasser in Wein verwandelt hatte: »Jedermann gibt zuerst den guten Wein und, wenn sie betrunken werden, den geringeren; du aber hast den guten Wein bis jetzt zurückbehalten.« Das ist sogar in der Bibel überliefert.

Aber ich greife vor. Zunächst einmal, egal aus welchem Grunde, war der Wein ausgegangen und die Brautmutter tat mir leid. Auch die Braut und der Bräutigam und die Hochzeitsgäste. Woher sollten sie in der Eile Wein nachbestellen? Es gab ja damals nicht, so wie heute, Weinlieferanten, die mit ihren Lieferwagen sofort bis in den letzten Winkel der Erde fahren, wann immer Wein bestellt wird. Die Lage war, mit einem Wort, aussichtslos. Das heißt eben nicht ganz. Wegen meines Sohnes. Aber da muss ich ein wenig ausholen.

Mein Sohn war schon als kleines Kind anders als die anderen Kinder. Manchmal sah er mich, auf meinen Schoß sitzend und den Märchen zuhörend, die ich ihm erzählte, ganz ernst an und schüttelte den Kopf. Mutter, sagte er dann, er hat immer auf Distanz geachtet und nie Mama zu mir gesagt oder Mutti, immer nur Mutter, Mutter sagte er bereits, als er noch auf meinem Schoß saß, warum erzählst du mir den Unsinn mit den kindischen Göttern, die sich in Schwäne verwandeln, um Frauen zu verführen oder aus Eitelkeit ganze Stämme vernichten mit einem einzigen Blitzschlag? Er brachte mich mehr als einmal damit zum Weinen, weil es nicht recht ist, wenn ein kleines Kind seine Mutter belehrt. Später dann ist er, wann immer er von zu Hause entwischen konnte, zu den Tempeln gelaufen und hat dort mit den Priestern diskutiert, statt mit anderen Kindern zu spielen. Er war ein einsames, trauriges Kind, das begriff ich früh. Mit Tieren und Verrückten konnte er sich besser verständigen als mit den gleichaltrigen Nachbarskindern. Mich hat es deshalb auch nie gewundert, dass er Berge versetzen konnte und Wasser in Wein verwandeln. Jedenfalls hatte er drei Tage vor unserer Abreise zur Hochzeitsfeier plötzlich begonnen, einen Freundeskreis um sich zu versammeln, der sich »seine Jünger« nannte, obwohl er selbst der Jüngste von ihnen war. Ich wusste damals noch nicht, was sie vorhatten. Ich war nur so froh, dass er endlich Freunde hatte. Wenn sie mir auch von Anfang an nicht besonders sympathisch waren. Dazu kam, dass ich selbst gehört habe, was Johannes damals sagte, als er meinen Sohn vorbeigehen sah: »Siehe, das ist Gottes Lamm«, sagte er, das kann heute ebenfalls jeder in der Bibel nachlesen. Und jeder weiß wohl, was das bedeutete: Da geht Gottes Opferlamm, bedeutete es. Das heißt, zu meiner Zeit wusste jeder, was es bedeutete, wenn jemand als »Lamm« bezeichnet wurde, weil ja den Göttern noch Tiere, manchmal sogar Menschen, geopfert wurden. Aber ich wollte es nicht wissen. Ich wollte es nicht wissen und will es bis heute nicht wissen, wo alles doch längst geschehen ist und sie meinen Sohn zu Tode gefoltert haben, und ich musste zusehen und konnte nichts dagegen tun. Und ich selbst habe das Verhängnis eingeleitet. Sie haben mir alle verziehen und ich schreibe dies jetzt, über zwei Jahrtausende später aus der Sphäre, die sie Himmel nennen, aber ich habe mir selbst nicht verziehen. Also schreibe ich dies aus meiner eigenen Hölle.

Als während der Hochzeitsfeier in Kana, zu der mein Sohn mit seinen neuen Jüngern und ich eingeladen waren, – Josef war wieder einmal nicht mitgekommen – der Wein bereits nach einem halben Tag ausging, sagte ich zu meinem Sohn: Sie haben keinen Wein mehr, und er, ganz in seiner distanzierten Art, die er immer schon gehabt hatte, aber wahrscheinlich jetzt, vor seinen neuen Freunden, wie ich damals dachte, noch mehr betonen wollte, sagte: »Was geht's dich an, Frau, was ich tue?« Da war ich so etwas von wütend, ich meine, so spricht man doch nicht mit seiner eigenen Mutter, »Frau« und »Was geht's dich an«, als ob er sich für mich schämen würde und vor seinen Jüngern so täte, als wäre ich gar nicht seine Mutter, sondern irgendeine Frau, die ihn nichts anginge, und da sagte ich zu den Dienern: Was er euch sagt, das tut. Das heißt, ich brachte ihn in Zugzwang. Und tatsächlich ging er ja dann hin und ließ die sechs riesigen Wasserkrüge, die für die zeremonielle Reinigung bereitstanden, mit Wasser füllen, das er dann in Wein verwandelte. Ich nehme an, dass er auch wütend war, denn wieso hätte er sonst so eine Unmenge Wasser in Wein verwandeln sollen. In einen einzigen Wasserkrug gingen, je nachdem welche Maßeinheit man zugrunde legt, ungefähr 80 bis 120 Liter Wasser, das macht insgesamt 500 bis 720 Liter Wasser, die er in Wein verwandelte. Nur, dass er mit seiner Wut Recht hatte, das wusste ich nicht. Denn in dem Moment, in dem er das Wasser in Wein verwandelt hatte, hatte er sich geoutet. Genau da begann sein Opfergang, der mit dem Tod am Kreuz endete. Denn man muss bedenken, dass zu der Zeit ja noch die Geschichten mit und um Dionysos herum überall bekannt waren. Der Wein, die Orgien, seine ekstatischen Begleiterinnen. Dionysos der Zweifachgeborene, Dionysos, das lebend zerrissene Opfertier. Und die Mutter von Pentheus, dem Jünger Dionysos, die ihren eigenen Sohn tötete in der bacchanthischen Jagd.

Seit dieser Geschichte ist viel diskutiert worden über das Zauberkunststück mit dem Wasser und dem Wein. Weil mein Sohn ja sonst immer nur Wunder vollbrachte, die sozial begründet waren. Lahme, die dann wieder gehen konnte, Blinde, die sehen konnten, Tote, die wieder auferstanden sind und so weiter. Die Gelehrten hatten nie viel Freude mit dem Weinwunder. Sie hatten immer schon Angst vor der Nähe zu Dionysos. Damit haben sie aber wie immer mehr in die Sache hineininterpretiert, als sie in Wirklichkeit war. Ich bin der Ansicht: weil die Gelehrten Männer waren. Die Männer können sich ja gar nicht vorstellen, was es für eine Brautmutter bedeutet, wenn der Wein nach einem halben Tag aus ist. Die kann sich doch nirgends mehr blicken lassen. Schließlich mussten sie das Wunder aber hinnehmen, weil es ja geschehen war. Sie bogen sich die Sache dann so hin, dass mein Sohn das Wasser in Wein verwandelt hatte, um drei Tage, nachdem er begonnen hatte, Jünger um sich zu versammeln, bereits die freudige Botschaft der Erlösung anzukündigen. Eine verzweifelte Brautmutter genügt denen ja nicht als Anlass. Aber im Endeffekt ist es ganz egal. Situationen können jederzeit kippen. Und was mit einem Fest anfängt, endet oftmals mit dem Tod. Tatsache ist, dass mein Sohn gezögert hat, und ausgerechnet ich ihn dazu gedrängt habe, ein Wunder zu vollziehen. Wieso sonst hätte er nach den abweisenden Worten: »Was geht's dich an, Frau, was ich tue?«, die seltsamen Worte: »Meine Stunde ist noch nicht gekommen« gesagt. Ich meine, er hatte ja auch vorher schon zu Hause unzählige harmlose Zauberkunststücke vorgeführt. Aber diesmal hat es sich herumgesprochen. Es lag an den Jüngern. Und an der leidigen Dionysos-Assoziation. Das Zauberkunststück wurde eindeutig überbewertet. So steht es ja dann auch in der Bibel: »Das ist das erste Zeichen, das Jesus tat, geschehen in Kana in Galiläa und er offenbarte seine Herrlichkeit. Und seine Jünger glaubten an ihn.« Hätte ich nur geschwiegen! Was ist die Verzweiflung einer Brautmutter, der nach einem halben Festtag der Wein ausgeht, gegen die Verzweiflung einer Mutter, die ihren Sohn sterben sieht? Natürlich habe ich nicht wissen können, dass damals alles begonnen hat. Aber ich hätte es wissen müssen. Wegen Dionysos. Die Jünger waren mir auch, wie gesagt, nie besonders sympathisch. Männer, die von zu Hause weggelaufen sind, um sich einer Sekte anzuschließen, denn mehr war es damals nicht als eine kleine Sekte, die hauptsächlich gegen Tierquälerei und Konsum war, gebildet von jungen Männern, die ihre Frauen und Kinder und Mütter im Stich gelassen haben und statt einer geregelten Arbeit nachzugehen in den Tempeln randalierten. Sie haben dort gegen den Handel mit Tieren protestiert und verlangt, dass der Tempel abgerissen würde. Da bekam ich dann Angst um meinen Sohn, da schon, aber vorher, bei der Hochzeit dachte ich noch nicht an ein Unglück. Keine Mutter kann den Umgang ihrer Kinder verhindern. Und selbst bei den Randalen im Tempel dachte ich noch, sie sind jung und haben Ideale. Ich war ja selbst gegen die Profitorientiertheit der Tempel und gegen die Tieropfer. Aber müsst ihr denn gleich den Händlern das Geld ausschütten und ihre Tische umwerfen, hab ich zu meinem Sohn gesagt, und die Tiere und die Händler gleich mit einem Strick aus dem Tempel treiben? Und natürlich hat er tausend Gründe aufgezählt, warum das notwendig gewesen sei. Sonst passiert ja überhaupt nichts, und: Argumente zählen bei denen nicht und: Es reicht jetzt, einmal muss etwas geschehen. Und da hatte ich den Einfluss auf meinen Sohn bereits verloren. Der entscheidende Satz ist bei der Kochzeit in Kana gefallen: Was geht's dich an, Frau, was ich tue! Damit hat er sich von mir gelöst. Natürlich dachte ich damals noch, es ist der Lauf der Zeit. Mein Sohn ist in dem Alter, in dem er sich abnabeln muss, gerade jetzt, wo er endlich Freunde gefunden hat, alle Jugendlichen lösen sich von ihren Müttern, besonders, wenn sie mit ihren Freunden unterwegs sind. Trotzdem! Ich habe dem Verhängnis Vorschub geleistet. Hätte ich nichts gesagt bei der Hochzeitsfeier, als der Wein ausging, hätte ich mich nicht eingemischt, wäre ich nicht so stolz auf meinen Sohn gewesen, für den das Versetzen von Bergen und das Verwandeln von Wasser in Wein ein Klacks war, vielleicht hätte er sich besonnen und alles wäre anders gekommen. Vielleicht hätte er von selbst gemerkt, dass seine neuen Freunde Angeber waren, arbeitsscheu und verantwortungslos. Aber in dem Moment, in dem er das Wasser in Wein verwandelt hatte, war er natürlich der neue Star. Mittelpunkt aller Gespräche. Er ist damit zum Anführer geworden, der er zwar vorher schon war, aber nur aufgrund seiner Reden. Es ist ein großer Unterschied zwischen den Reden und den Taten. Jetzt war er es auch aufgrund seiner Taten. Und eine Tat folgt auf die andere. Und wer gegen Tierquälerei mit Taten protestiert, wird selbst gequält wie ein Tier. Wollte er das? Hat er es in Kauf genommen? Wollte er wirklich das Opferlamm sein, das die Welt erlöst? Kann der Tod eines Einzelnen die Welt erlösen? Ich bin in der Sphäre, die sie Himmel nennen, in meiner eigenen Hölle. Unter mir breitet sich die Welt aus. Unerlöst. Und ich weiß, es war alles umsonst. Die Exegeten sagen, es wäre alles genau so gekommen, wenn ich ihn nicht aufgefordert hätte, etwas zu tun, als der Wein bei der Hochzeitsfeier in Kana bereits nach einem halben Tage ausgegangen war. Sie sagen, es war der dritte Tag, darum wäre alles auf jeden Fall so gekommen. Am dritten Tag die Hochzeitsfeier, am dritten Tag die Auferstehung. Aber das ist alles im Nachhinein konstruiert. In Nachhinein weiß man immer alles besser. Dreimal krähte der Hahn. Wie will man Menschenopfer abschaffen mit einem Menschenopfer? Wie erlösen durch den Tod? Niemand wird durch den Tod erlöst. Nichts und niemand. Hier in der Sphäre, die sie Himmel nennen, die aber meine eigene Hölle ist, sind die Mütter versammelt, deren Kinder Opfer geworden sind. Ihnen allen wurde vergeben, sie alle haben sich selbst nie vergeben. Und bei allen hat es mit irgendeiner Hochzeit angefangen, mit Wein oder Drogen, mit großen Plänen und Hoffnungen. Sie alle fragen sich: Was wäre gewesen, wenn ich dann und dann nicht das und das gesagt hätte? Die Väter sind da großzügiger mit dem Leben ihrer Kinder. Sie sagen sich, der Tod hatte den oder den Sinn.

Ich sehe keinen Sinn. Ich sehe nur einen schmalen Körper, weiß, ein erschöpftes Gesicht, blass, verdrehte Augen. Ich sehe viel Blut, zerfetzte Körper, zerrissenes Fleisch, so viel Leid und Angst und Verzweiflung in den realen Folterkammern oder den Folterkammern der eigenen Seele. Und alle Mütter fragen sich: Warum, warum ausgerechnet mein Kind?

Vielleicht hat ja alles mit meiner Partnerwahl angefangen. Josef war vierzig Jahre älter als ich. Natürlich wusste er, dass er gar nicht der Vater meines Sohnes sein konnte. Er war immer ein sanfter und ruhiger Mann, aber wer weiß, welche Vorbehalte er innerlich doch hatte? Jedenfalls hat er nie wirklich die Vaterrolle übernommen. Er hat sich aus allem herausgehalten. Deshalb war er auch gar nicht mit auf der Hochzeitsfeier in Kana. Es hat größere Menschenansammlungen gemieden und es war ihm längst alles zu laut und zu anstrengend. Mit meinem Sohn war er von Anfang an völlig überfordert. Ich habe ihn allein erzogen. Und mein Sohn hat sich nie um Josef gekümmert. Es war ihm egal, was der alte Mann sagt oder tut. Vielleicht hat er sich ja deshalb einen Gott als Vater erfunden, dem er sich opfern konnte? Und wahrscheinlich war ich auch daran schuld. Natürlich habe ich ihm nie gesagt, was für ein Lump sein leiblicher Vater war. Ich habe gesagt, sein Vater sei vor seiner Geburt gestorben. Und er sei groß und gütig gewesen und lebe nun im Himmel, von wo aus er ihn beschütze. Was hätte ich denn sonst zu einem kleinen Kind sagen sollen, das nach seinem Vater fragt? Später hätte ich ihm die Wahrheit gesagt, aber da wollte er sie nicht mehr hören. Er war ja völlig fixiert auf seinen unangreifbaren Übervater. Und tatsächlich hat ihm die Vorstellung eines liebevollen, übermächtigen Vater ja auch geholfen, seinen schweren Weg der Rebellion und des

Aufbegehrens zu gehen. Es hat ihn stark gemacht gegenüber den vielen Anfeindungen, denen er ausgesetzt war. Und er hat ja meistens Recht gehabt mit seinen Einschätzungen, was soziale, religiöse und moralische Belange anging. Aber dann hat sich das mit seinem Vater verselbständigt. Ich bin erschrocken, als ich meinen Sohn, der seinen leiblichen Vater nie kennen gelernt hat, sagen hörte: »Der Sohn kann nichts von sich aus tun, sondern nur, was er den Vater tun sieht; denn was dieser tut, das tut gleicherweise auch der Sohn. Denn der Vater hat den Sohn lieb und zeigt ihm alles, was er tut, und wird ihm noch größere Werke zeigen, so dass ihr euch verwundern werdet.« Johannes hat diese Worte später aufgeschrieben und überhöht. Aber ich begriff sofort das Ausmaß seiner Einsamkeit und Verzweiflung und seiner Sehnsucht, und ich wusste, dass es nicht gut ausgehen würde.

Heute, wo ich in der Sphäre lebe, die sie Himmel nennen, die aber meine eigene Hölle ist, weiß ich von all den anderen Müttern, deren Kinder Opfer ihrer Einsamkeit und Verzweiflung und Sehnsucht wurden, dass die meisten von ihnen ein Vaterproblem hatten. Die Mörder und die Selbstmörder, die Drogenopfer und die Opfer politischer Systeme. Diese Kinder haben weniger Selbsterhaltungstrieb als Kinder mit ganz normalen Vätern. Darum werde ich seinem Vater nie verzeihen. Was mir selbst geschieht, das kann ich verzeihen, was meinem Kind geschieht, niemals. So geht es all den anderen Müttern, die ihre Kinder verloren haben, auch. Und in ihnen allen wohnt diese uralte Schuld, Kinder geboren zu haben, die dann sterben.

Herr, erbarme dich der Mütter!

Das Radikalste, worüber man heute schreiben könne, sei der Wahnsinn des Alltäglichen, sagte ein Kritiker über die Autorin **MARGIT SCHREINER**. In diesem Sinne darf die Österreicherin durchaus als Extremistin gelten, denn kaum jemand gelingt ein derart schonungsloser Blick auf die »real existierenden Verhältnisse« wie ihr. Und mit »Verhältnisse« ist vor allem die Beziehung zwischen Mann und Frau gemeint. Doch der alltägliche Wahnsinn kann mitunter wahnsinnig komisch sein, auch eine Einsicht, die man Margit Schreiner verdankt. In ihrem jüngsten Buch »Die Tiere von Paris« (Schöffling & Co, 2011) lässt sie die Erzählerin ein Selbstgespräch über das Scheitern ihrer Familie führen, aber in der zweiten Person Singular, als hätte eine andere das alles durchlebt. Margit Schreiner wurde 1953 in Linz geboren, woraus sie unbedingt flüchten wollte, was ihr für etliche Jahre, mit Aufenthalten unter anderem in Tokio und Paris, auch gelang. Heute wohnt sie wieder in Linz.

Thomas von Steinaecker

IM NU

Jonathans und Zarahs Vater hieß Moses, ihre Mutter Petra. Moses war GI, Petra Kassiererin. Als der letzte US-Militärstützpunkt in Deutschland geschlossen wurde, ging Moses Turner nicht zurück nach Dallas, wo er herstammte, sondern blieb im bayerischen Dingling, wo Petra Wapnewski bei CHI-CHENG arbeitete, der heute so erfolgreichen Supermarktkette, die damals gerade erst in Europa Fuß fasste. Petra Wapnewski war eine der wenigen Frauen, die sich nicht künstlich befruchten ließen. Die eineiigen Zwillinge Jonathan und Zarah, die am 12. Januar 2069 geboren wurden, blieben die einzigen Kinder des Paares. Das Haus mit der Dreizimmerwohnung der Familie existiert heute nicht mehr, so wie die gesamte Stadt Dingling im Zuge der Restrukturierung Deutschlands der Europäischen Aufforstung weichen musste. Moses war als gewaltbereit bekannt. Wegen einer Handgreiflichkeit mit einem Kollegen verlor er seine Stelle bei einer privaten Söldnertruppe. Petra war Alkoholikerin. Die Zwillinge wurden wiederholt von Moses geschlagen und die Nacht über in das Kellerabteil des Hauses gesperrt. Mehrmals wurde das Jugendamt auf die Familie Turner aufmerksam. Es beließ es allerdings lediglich bei Mahnungen, bis beide Kinder im Alter von sechs Jahren durch einen Schuss aus dem Gewehr Moses' schwer verletzt wurden. Das Geschoss durchschlug Zarahs rechte Hand, was zur Verkrüppelung führte, und streifte Jonathans linke Wange, wovon ihm eine kreditkartengroße purpurrote Narbe blieb. Obwohl aufgrund des damaligen Stands der Technik keine 3-D-Aufnahmen mit Echtheitszertifikat angefertigt werden konnten, sondern nur Digitalfotografien, die ich eben noch einmal in der Datenbibliothek meines Klosters betrachtet habe, besteht über die Tatsächlichkeit dieser Verwundungen kein Zweifel. Die Kinder wurden der Obhut eines Heims der Barmherzigen Schwestern von der hl. Elisabeth übergeben. Die Leistungen der Zwillinge in der Schule waren durchschnittlich. Sie galten als sehr schweigsam. Untereinander unterhielten sie sich allerdings oft im Flüsterton. Mehrmals wurden sie nachts aneinandergeschmiegt im Kellergewölbe des Heims gefunden. Sie gaben an, dass sie plötzlich gleichzeitig im Schlaf davor Angst bekommen hät- ten, jemand würde sie bestrafen, begäben sie sich nicht nach unten, wobei sie betonten, dass es sich bei diesem »Jemand« nicht um ihren Vater handele, der, wie ihnen ja bewusst war, in einem ausbruchsicheren Solarlager arbeitete.

Ihre schwarzbraune Hautfarbe, die sie von ihrem Vater geerbt hatten, war nie Gegenstand von Hänseleien durch an- dere Heimkinder, wie die Turner-Zwillinge überhaupt, wenn nicht beliebt, so doch aufgrund ihres Schicksals allseits re- spektiert waren, was in jener Zeit, da die Zustände in den Heimen nicht dem heutigen Standard entsprachen, unge- wöhnlich war. Auf der Straße hielten sie sich manchmal bei der Hand. Nach der zweiten Klasse schrieb die Mutter Oberin an die Determinationsstelle in ihrem fälligen Bericht darüber, für welchen Beruf die beiden ab dem nächsten Jahren ausge- bildet und wo sie eingeplant werden sollten, sie könnten ent- weder in einer Institution des Klosters oder als Schreibkraft im Landesverwaltungsapparat untergebracht werden. Sie seien fleißig und duldsam.

Traditionell fand in den letzten beiden Augustwochen für die katholischen Kinder von Dingling ab acht das Zeltla- ger auf der Grasangerwiese statt, circa 50 Kilometer vom Ort entfernt, in der Nähe jenes Gebiets, wo früher die Grenze des Landes Tschechien durch den sogenannten Bayerischen Wald verlief. In jenem Jahr 2077 unseres HERRN, dessen

Bedeutung für die Heilige Römische Kirche sich erst viel später zeigen sollte, durften auch die Turner-Zwillinge zum ersten Mal am Grasangerwiesen-Zeltlager teilnehmen. Die Erscheinung ereignete sich genau heute vor 200 Jahren, am 28. August, ein Jubiläum, das ich zum Anlass genommen, tagsüber in der Kapelle auf dem Dach unseres Hochhausklosters, in die in den Morgenstunden durch die engen Schluchten der Wolkenkratzer hindurch die Sonne so schön einfällt, in mich zu gehen. Dank des Brendel-Videos wissen wir, dass die Vision von 23:43 Uhr bis 23:46 Uhr dauerte, knapp drei Minuten, wobei Brendel nach eigenen Angaben ungefähr eine halbe Minute brauchte, um sein Handy zu holen. Gegen 23:15 Uhr wachten Jonathan und Zarah in ihrem gemeinsamen Zelt von einer Männerstimme auf, die sie beim Namen rief. Zuerst dachten sie, die Stimme gehöre ihrem Vater, und klammerten sich aneinander; doch so sanft und liebevoll klang die Stimme, dass die Zwillinge endlich beschlossen, ihr zu folgen. Unbemerkt von der Nachtwache am Lagerfeuer gelangten sie auf einen Weg, der sie durch die Finsternis in den Wald führte. Auf einer Lichtung, die heute mitten in der mit Stacheldraht gesicherten Forstzone des Landes liegt, auch »Deutsche Grüne Lunge« genannt, worin ich einen tieferen Sinn erkennen mag, knieten Jonathan und Zarah nieder, hoben die Köpfe und schauten IHN. Der Film, den der damals zwölfjährige Hagen Brendel vom Zeltplatz

aus machte, zeigt ein gleißend-weißes unförmiges Feld über
dem Wald, in dessen Zentrum alle Analysen übereinstim-
mend die Form eines Kreuzes entdeckten. Aufgeweckt von
dem Grollen, das allerdings nur stark übersteuert aufgenom-
men ist, schlüpfen im Vordergrund des Videos mehr und
mehr Kinder aus ihren Zelten und starren rufend oder weinend auf die Erscheinung in der Entfernung. Auf dem ungleich unbekannteren Kasimir-Video ist deutlich zu sehen,
wie sich im flackernden Licht auf den Gesichtern der Kinder
und Jugendlichen Aufregung, Erstaunen, aber nie Furcht
spiegelt, wie ich zu erkennen meine, jetzt, da mir in diesem
Moment, während meine Zelle vom Klacken der Tastatur
widerhallt, unsere virtuelle Bibliothekarin ARCHIVA noch
einmal den Film vorspielt.

Immer schon faszinierte mich, wie durch die Zeiten hindurch SEIN Plan wirkt, der uns in unserer selbst gestrickten
Menschheitsgeschichte dunkel und verborgen ist; dürfen wir
ihn dann aber stückweise begreifen, stellt sich mit einem Mal
unser Chaos als die schönste und beste Ordnung heraus und
ein vermeintlicher Fehltritt als Notwendigkeit, weil stets,
selbst in Stunden, da wir uns verlassen glauben, ER uns leitet.
Es ist mir darum eine Freude, wenn ich heute, am Zwillings-
tag, mir vergegenwärtige, was ER damals, an jenem 28. August vor 200 Jahren, mit Jonathan und Zarah Turner noch
vorhatte, ohne dass sie es ahnten. Als sich über ihnen wieder

der schwarze, mit funkelnden Sternen übersäte Himmel spannte und sie sich benommen erhoben, da konnten sie nicht wissen, dass, als sie ins Lager zurückgekehrt waren, die Aufseherinnen sie zunächst schimpfen würden, sich ohne Erlaubnis und dann auch noch nachts entfernt zu haben, worauf sie antworten würden, sie hätten Jesus am Kreuz gesehen, was aber zunächst keine Beachtung finden würde, weil sich die vielen wackelnden Lichtkegel der Taschenlampen wie ein Scheinwerfer auf Jonathans und Zarahs Gesichter richten und die anderen Kinder ausrufen würden: »Wo ist denn deine Narbe, Jonathan! Und du kannst ja deine Hand wieder bewegen, Zarah!« Die Zwillinge konnten nicht wissen, dass die Barmherzigen Schwestern nach der von keinem Arzt erklärbaren plötzlichen Heilung ihrer Behauptung, in jener Nacht des 28. Augusts sei ihnen Christus erschienen, und nach ihren detaillierten Berichten im Religionsunterricht davon, wie ER ausgesehen habe in seiner Todesstunde, wie, anders als auf den Darstellungen im Heim, die Nägel nicht in seinen Handtellern steckten, sondern in seinen Unterarmen, wie er mit trockenem Mund krächzte »Eli, Eli, lama sabachthani?«, sowie weiteres aus der Bibel und anderes, das sich nicht darin fand – all das Dinge, von denen die beiden Achtjährigen, die noch nicht einmal des Lesens mächtig waren, unmöglich gehört haben konnten –, dass die Barmherzigen Schwestern also jedes Wort für erfunden, die Erscheinung für Einbildung und die unerklärliche Heilung für eine Laune der Natur halten und den Zwillingen mit Feindseligkeit begegnen würden. Jonathan und Zarah konnten nicht wissen, dass die Schwestern als SEIN Werkzeug dem Wunsch, IHM dienen zu dürfen, zwar entsprachen, indem sie an die Determinationsstelle einen Antrag auf Verbleib in der Heiligen Katholischen Kirche schicken, für die Zwillinge jedoch zwei Plätze im Missionswerk im damaligen Namibia reservieren würden, das schon seit Jahren vom Bürgerkrieg erschüttert wurde. Zarah konnte nicht wissen, dass sie mit einundzwanzig Jahren bei einem Überfall auf ein an der Grenze zum damaligen Angola gelegenen Flüchtlingscamp vergewaltigt und anschließend enthauptet werden sollte, während Jonathan einen Hilfskonvoi im Süden des Landes begleitete. Jonathan wiederum konnte nicht wissen, dass er nach seiner Rückkehr ins Kloster nach München nochmals eine Vision haben würde, dieses Mal von Zarah, deren Mitteilung er aufschrieb, versiegelte und dem Abt übergab, der sie überflog und, erneut versiegelt, zu den Akten legte; dass er wenig später wieder nach Namibia aufbrechen und dort bei einer Schießerei in einer Schule von einer Kugel tödlich getroffen werden würde. Dass nach der Ersten und Zweiten Weltkrise, während denen die großen europäischen Kathedralen entweder in Museen oder in Malls umgewandelt wurden, die Kreuze auf den Berggipfeln verfaulten und Stürme sie ins Tal stürzten, und nachdem das Vereinigte Westafrikanische Volk Europa endlich zur Hilfe geeilt war, die westafrikanische katholische Jugend die braunen Turner-Zwillinge als Symbol für die interkontinentale Geschwisterschaft entdecken würde. Dass sich das Brendel-Video rasch im WWW verbreiten, die Leichen der Zwillinge aus ihren Gräbern in der afrikanischen Steppe exhumiert werden, die Visionen als authentisch, die Erscheinung Christi als erste filmisch festgehaltene Offenbarung GOTTES anerkannt werden und Bruder und Schwester auf Druck der Öffentlichkeit selig sowie bald darauf auch heilig gesprochen werden würden, die ersten Zwillings-Heilige, denen am Ort von Zarahs Martyrium auf 15 120 Quadratmeter ein Dom aus schwarzem Stein mit vier Doppeltürmen gebaut werden würde, im Inneren auf dem Altar die Hologramme Jonathans und Zarahs, kniend im Augenblick ihrer Vision unter SEINEM Kreuz, in der Krypta in einem Schrein aus Glas ihre Gebeine, an denen bis heute über 1,3 Millionen Gläubige vorbeigezogen sind, vier Heilungen sind bekannt; dass in einer abgedunkelten Seitenkapelle in einer Endlosschleife die originale Speicherkarte des Brendel-Videos gezeigt werden würde, jene drei Minuten, wieder und wieder und immerdar; und schließlich dass ein neuer Orden, der erste der posteuropäischen Epoche, sich bilden würde, der Zwillingsorden, offen für beide Geschlechter und alle Schwarzweißmenschen, so wie ich und meine 267 Schwestern und Brüder in unserem Hochhauskloster es sind. All das hatte geschehen müssen, um den Satz zu erfüllen, den Jonathan damals von seiner ihm erschienenen Schwester zugeflüstert bekam und den er auf dem heute 42 Stockwerke unter mir im erdbebensicheren Bunker unseres Klosters aufbewahrten Zettel notierte: »Wir, Bruder, werden die Retter der Kirche sein.«

Als ich vormittags aus der Kapelle an die Brüstung des Daches trat und auf die winzigen Passanten im dunklen Abgrund schaute, aus dem der Lärm der Straßen nur gedämpft zu mir hochwehte, musste ich daran denken, dass die Menschen, die wir in unseren Gebeten sehen, so wie ich vor ein paar Stunden meine lang schon verstorbenen Eltern oder die Zwillinge gesehen habe, verschwommen, schummrig, sich wie in einem anderen, uns, solange wir leben, unzugänglichen Raum befinden, in den wir nur blicken und an dem wir horchen können, der uns aber aufgesperrt wird, wenn wir sterben, was bei meinem fortgeschrittenen Alter von einhundertzweiundzwanzig Jahren nicht mehr lange dauern kann. Und – auch wenn ich die philosophischen Fragen unserem Robotmönch überlassen sollte – ist es nicht ähnlich mit der Zeit, die uns, ohne dass wir wüssten, wohin, unaufhaltsam und unumkehrbar weitertreibt, deren Ereignisse in SEINEM Buch aber schon feststehen, in dem man vor- und zurückblättern könnte je nach Belieben, sofern es einem vorlege, sodass keine Vergangenheit und keine Zukunft wären, sondern allein Gegenwart?

Die Stimme von ARCHIVA schweigt zwar, wenn ich sie frage, ob es Dokumente gibt, die belegen, was in den Sekunden nach der Kreuzesvision mit den Zwillingen geschah, doch schließe ich die Augen, sehe ich jetzt deutlich, wie, als das Licht über ihnen erlosch, Jonathan und Zarah langsam aufstanden und sich mit vom Starren weiten Pupillen anschauten. Ich stelle mir vor, wie Jonathan zu lächeln begann, wie er seine Schwester bei der Hand nahm und beide durch die Dunkelheit stolperten, dann liefen, lachend, herzhaft, sie, die man bis dahin nie lachen gehört hatte; wie alles vergessen war, was sie in den Jahren zuvor erleben mussten; wie sie es kaum erwarten konnten, den anderen im Lager zu berichten, was gerade geschehen war, was ihnen zuteil geworden war. In diesem Moment waren sie überglücklich, glaube ich.

Eine Comiczeichnung dient als sein offizielles Porträtfoto. Denn der Literaturwissenschaftler **THOMAS VON STEINAECKER,** der 1977 geboren wurde und in Augsburg lebt, begeistert sich für die Gattung der »graphic novels«; bereits in seiner Dissertation hat er sich mit der Frage beschäftigt, »was Bilder können und Texte nicht«. Aber auch den Autor Thomas von Steinaecker fesselt die Beziehung zwischen gezeichneter und beschriebener Realität. So geht er in seinem zweiten Roman »Geister« das gewagte Experiment ein, die Geschichte eines jungen Mannes, der um seine verschwundene Schwester trauert, mittendrin als einen Comic-strip mit Sprechblasen weiterzuerzählen. Bei seinem jüngsten Buch (»Schutzgebiet«, Frankfurter Verlagsanstalt 2009) handelt es sich um einen herkömmlichen Roman. Vordergründig jedenfalls. Denn dessen Schauplatz, die deutsche Afrika-Kolonie Tola, hat in Wahrheit nie existiert. Doch lässt der Autor an diesem fiktiven Ort Erfundenes und historisch Verbürgtes gleichermaßen geschehen, perfekt zusammengeschnitten, wie bei einer Bildmontage.

Heinrich Steinfest

FREIE OHREN

Was ist das eigentlich, ein Wunder? Denn diese direkte Frage darf ja erlaubt sein. Ein Blick auf das Wort selbst ist da immer sinnvoll. Wunder steckt in Verwunderung und bezeichnet einen Gegenstand des Außerordentlichen, der uns erstaunt, uns eben verwundert. Hier ist also schon ganz deutlich eines zu erkennen, dass es sich nämlich nicht um etwas Inflationäres oder Alltägliches handelt, nichts, was ständig und überall aufzutauchen pflegt, sondern den Charakter des Exklusiven besitzt. Das ist ja auch das Ärgerliche am Wunder, gleich, woher es kommen mag: sein rares Auftreten. Im Ärgerlichen aber steckt das Gute. Könnte man das Wunder kaufen, es erzwingen, es herbeibeten oder herbeifluchen, es gleich einer Schuld einfordern, die Welt würde nicht im Chaos, sondern in Wundern versinken. Denn freilich ist das Bedürfnis nach dem Wunder zutiefst menschlich, zutiefst verständlich angesichts des vielen Schrecklichen, das so unverrückbar scheint, dass nur ein Wunder daran etwas ändern könnte.

Was mich als Jugendlichen und auch später am Phänomen des Wunders stets irritiert und auch abgestoßen hatte, war dessen implizite Ungerechtigkeit. Denn so wie das Wunder notwendigerweise seinen Sinn aus seinem seltenen Auftreten (man muss sogar sagen: aus seiner Marginalität) bezieht, kann es natürlich nie und nimmer all jene treffen, die sich darum bemühen, es sogar verdienen, deren Unglück praktisch danach schreit. Auf den ersten Blick scheint das Wunder wie ein Lottospiel zu sein, denn mitnichten gewinnen jene im Lotto, die das Geld am nötigsten bräuchten oder am leidenschaftlichsten spielen, andererseits ist aber auch nicht auszuschließen, dass es einmal den Richtigen trifft. Nein, das Wunder verhält sich ganz beliebig, gleich einem Regen, der aus sehr wenigen Tropfen besteht, sich aber über die ganze Welt verteilt. Selbst noch in dem Moment, da ein Einzelner willentlich dieses Wunder vollbringt.

Wenn Christus in der Geschichte vom »Jüngling zu Nain« den toten Jungen zum Leben erweckt und damit der Mutter und Witwe ihren einzigen Sohn zurückgibt, so ist ein Wunder geschehen, aber eben allein ein exemplarisches. Denn alle anderen Mütter, die in diesem Moment, da vor den Toren Nains das »Außerordentliche« geschieht, ebenfalls ein totes Kind beklagen, bleiben von diesem Wunder ausgespart. Das macht die Sache auf den ersten Blick fast unerträglich, ja gemahnt an die stets sich wiederholende Geschichte einer Frau, die nicht verstehen kann, dass die zwei Söhne ihrer Nachbarin heil aus dem Krieg zurückkehren, sie selbst jedoch ihre beiden verloren hat.

Man stelle sich nun allerdings vor, Christus hätte damals sämtliche toten Jünglinge vor irgendwelchen Toren irgendwelcher Städte – ganz im Sinne einer via Television übertragenen Massenheilung – ins Leben zurückgeholt und ihren Müttern zurückgegeben. Er hätte den Tod ad absurdum geführt, ja das Leben an sich, dessen Wesen ja nicht zuletzt in seinem Ende, seiner Überwindung gipfelt und sicher nicht darin, kasperleartig hinzufallen und wieder aufzustehen, hinfallen, aufstehen … Man nennt das Zombies.

Das Wunder funktioniert als Zeichen, als Symbol (darum ist es auch gar nicht wichtig, ob das Wunder wirklich stattgefunden hat oder nicht), aber weder als Allgemeinplatz noch als zweckgebundene Handlung, die etwa darin besteht, eine Mutter vor allen anderen Müttern auszuzeichnen.

Genau darum ist es ja so wichtig, dass der ans Kreuz geschlagene Christus sich kein eigenes Mirakel zugestanden hat, um im Stile eines Superhelden die Nägel zu lösen, auf einem kleinen Wölkchen zur Erde zu steigen und seine Unterdrücker zu demütigen. Nein, ein wesentlicher Zug des echten Wunders ist die Zurückhaltung, ich möchte fast von Scheue sprechen. Ein Christus, der sich in höchster Not selbst rettet, wäre in die Geschichtsbücher als absurde Legende oder Märchenerzählung eingegangen.

Die angesprochene Ungerechtigkeit, mit der das Wunder auf die Erde fällt beziehungsweise von den Wundertätern ungleich verteilt wird, schließt aber nicht seine Omnipräsenz aus, seine umfassende Aura. Gerade dadurch, dass es überall und frei von Kategorisierungen eintreten kann. Solcherart mutet das Wunder fast so gerecht wie der Tod an. Dadurch, dass es als Bild besteht, ist es unser aller Besitz.

Keine Frage, wir dürfen für ein Wunder beten, aber wir dürfen nicht meinen, wenn es dann nicht eintritt, dass wir schlecht gebetet hätten, oder wenn es tatsächlich eintritt, dass dies der Intensität unserer Anrufungen zu verdanken ist.

Wenn ich noch einmal die Vorstellung bemühen darf, Wunder seien wie die seltenen, weit auseinanderliegenden Tropfen eines exotischen Regens, dann ist das Gebet zwar nicht die Kraft, die imstande ist, ein solches Tröpfchen anzuziehen, aber der Betende befördert sich in die Lage, die Tröpfchen, so ferne sie sein mögen, wahrzunehmen. Er lebt im Bewusstsein ihrer Existenz. Er erkennt ihre Schönheit, ihren feinen Glanz, erkennt den Trost, den ihr pures Vorhandensein bedeutet. Diese Schönheit, dieser Glanz wären niemals gegeben, wäre das Wunder bestechlich und würde gezielt auf den niedersinken, der lauter gen Himmel ruft und inniger die Hände faltet als ein anderer, unglücklicher ist als sein Nachbar. Es ist doch ohnehin so, dass da immer einer ist, dessen Leben sich noch tragischer windet als das eigene.

Es gibt eine bemerkenswerte Szene in der John-Huston-Verfilmung von Malcolm Lowrys Roman »Unter dem Vulkan«, in der die ganze Wahrheit des Wunders steckt. Oder besser gesagt: das Wunder des Wunders. Der von Albert Finney gespielte Konsul Firmin – ein weinerlicher Idealist und famoser Alkoholiker, dessen Frau Yvonne ihn verlassen hat und zurück nach New York gegangen ist – wird nach einem schweren Besäufnis von seinem Freund, dem mexikanischen Arzt Dr. Vigil in eine Kapelle geführt. Dort steht sie, die »Virgin de Soledad, La Santa Patrona, für diejenigen, die niemanden haben. Für die, die verlassen sind. Und die Matrosen auf hoher See.«

Dr. Vigil versucht den Konsul dazu zu bewegen, zur Heiligen Jungfrau zu beten, auf dass Yvonne wieder zu ihm zurückkehren möge. Der schwer betrunkene, auf der Bank zusammengesunkene Firmin meint lallend: »Ich kann nicht. Es ist, als würde ich eine gute Märchenfee bitten, mir drei Wünsche zu erfüllen.« Vigil entschuldigt sich bei der Jung-

frau für die Worte des Konsuls und fleht nun in dessen Namen um die Hilfe der Patrona. Letztendlich lässt sich auch
der Konsul dazu hinreißen, eine schmerzvoll vorgetragene
Klage zu artikulieren: »Ich sterbe ohne dich. Komm zu mir
zurück, Yvonne.«

Am nächsten Morgen steigt aus dem Landbus eine junge,
attraktive Frau: Yvonne. Firmin kann es nicht fassen und
braucht sofort einen Drink. Später am Tag, als Firmin zusammen mit Yvonne und seinem Neffen Hugh auf jenen Dr.
Vigil treffen, da bekreuzigt sich dieser beim Anblick
Yvonnes. »Also, wenn das kein Wunder ist!«, ruft Vigil aus,
nach einer ersten Fassungslosigkeit das Unvermeidbare er-
kennend.

Der Konsul freilich analysiert die Chronologie der Ereignisse und betont, dass Yvonne New York schon vor über
einer Woche verlassen habe, ihre Entscheidung zur Rückkehr und ihr Aufbruch zu dieser Reise somit lange vor dem
Gebet des gestrigen Abends stattgefunden hätten. Darum
sagt er zu Vigil: »Mir scheint, dein Wunder kommt nach der
Realität.«

Doch Vigil kontert: »Aber die Jungfrau hat gewusst, dass
du beten würdest, noch bevor du gebetet hast. Umso mehr
ist es ein Wunder.«

Und man möchte hinzufügen, dass ja gar nicht Firmin
selbst die heilige Patrona angerufen hat, sondern eigentlich

Vigil an seiner Statt. Doch ein Wunder kümmert das nicht, so wenig wie es eine Heilige Jungfrau kümmert, wer da genau gebetet hat.

Das Wunder erhebt sich selbstverständlich über Zeit und Raum, wobei man nicht ausschließen kann, dass am Beginn von Zeit und Raum ebenfalls ein Wunder stand, ein singuläres, versteht sich. Was vor allem eines bedeutet, dass das Wunder zwar außerhalb der Naturgesetze steht, aber sehr wohl aus dieser Natur herstammt. Es ist ihr Sonderfall. Das Wunder stellt somit nicht einen Widerspruch zum Naturgesetz dar, sondern bestätigt es, ganz in der Art wie der Tod das Leben bestätigt.

Apropos Tod. In der Szene eines anderen Films, »Orphée« von Jeanne Cocteau, äußert der in die Unterwelt getretene, von Jean Marais mit famoser Haarwelle gespielte Orpheus: »Ein Wunder wird geschehen.« Doch der angesprochene Tod, in Gestalt einer so strengen wie lasziven Frau, antwortet: »Wunder geschehen bei uns niemals.« Marais darauf: »Jede Welt wird von der Liebe gerührt.« Der Tod jedoch: »In unserer Welt rührt man niemanden. Man geht von Gericht zu Gericht.«

Nun, das ist natürlich existenzialistische Betrübnis, von Cocteau so vollendet traurig ins Bild gesetzt wie selten davor oder danach, aber interessant ist eben vor allem die Vorstellung, dass das Wunder ein typisches Merkmal des Diesseits sei. Also folglich auch an dieser Stelle als ein Teil des Lebens und der Natur zu begreifen.

Das Wunder markiert auf explizite Weise die grundsätzliche Besonderheit des Lebens. Man könnte fast von einem Glanzlicht sprechen, das freilich einen Körper benötigt, auf dem es wirken kann, auf den es fällt und von dem aus es in das Auge des Betrachters dringt. Die scheinbare Banalität des Körpers bildet die notwendige Fläche. Ohne Körper wäre das Glanzlicht nichts anderes als ein bloßer Stern in der endlosen Öde eines dunklen Weltalls.

Der Mensch nun, der um das Wunder, also den Eintritt des Außerordentlichen und Übernatürlichen betet, muss wissen, dass auch die Wunder, so selten sie geschehen mögen, vorbestimmt sind wie das ganze Leben. Ihr Niederschlag ist kein zufälliger, sondern Teil der diesseitigen Gesamtstruktur, ganz in der Art eines chemischen Aufbaus. Es passiert, was passieren muss.

Arthur Schopenhauer, der gern die Determination des Daseins behauptete, erzählt davon, wie ihm eines Tages das Missgeschick unterlief, ein Tintenfass umzustoßen, sodass sich die Tinte über einen geschriebenen Brief ausbreitete und sodann auf den Boden tropfte. Die Magd, die nun herbeigerufen wurde, das Malheur zu bereinigen, berichtete glaubwürdig davon, genau dies in der Nacht zuvor geträumt zu haben, nämlich selbige Tintenflecken aus dem Boden reiben zu müssen. Schopenhauer erkennt das streng Notwendige, welches »mehrere Stunden vorher als Traum im Bewußtsein eines anderen dastand«.

So ist das: Die Zukunft ist derart festgelegt, dass man sie ohne Hokuspokus voraussehen kann, so wie man sagt: Ich rieche etwas, was demnächst stinken wird.

Wenn wir beten, dann ganz sicher nicht darum, eine unveränderbare Zukunft zu verändern (in welcher ja auch das Wunder eine fixe, unumstößliche Position einnimmt), sondern um uns mit dem Schicksal zu versöhnen, eine innere Haltung zu entwickeln, eine Demut, keine dumme und devote, sondern eine würdevolle. Die stark empfundene Würde ist das einzige Gefühl, das wirklich imstande ist, die Angst des Menschen zu bannen.

Ich spreche also nicht von Meditation, sondern meine durchaus ein Gebet im Sinn jenes, dass Dr. Vigil für seinen Freund, den Konsul, spricht. Also ein Gebet um einer bestimmten Sache willen. Gleichzeitig ist vollkommen klar, dass Vigil in keiner Weise seinen Glauben verlöre, würde Yvonne nicht erscheinen. Darin besteht nämlich die in unseren Tagen geradezu subversive Kraft des Gebets. Dass das Anliegen, so konkret es sein mag, ohne einen vertragsähnlichen Anspruch auskommt.

Allein schon deshalb sollte man beten, um etwas zu tun, was frei von einem kalkulierbaren Nutzen dasteht. Eben auch frei von den gerade angesprochenen Meditationsstrategien, die der Gesundung, der Stärkung, nicht selten dem Bedürfnis nach Überlegenheit im Alltag dienen. Frei natürlich auch von jener Beterei, die nur des Anstands wegen erfolgt, wo man sich praktisch beim Beten zusehen lässt, als ginge es darum, für alle sichtbar seine Auffahrt zu fegen. Nein, das echte Gebet zeichnet sich gerade dadurch aus, etwas »Unmögliches« anzusprechen, eben ein Wunder. Ein Wunder, an das wir nicht weniger glauben, nur, weil es nicht eintritt. Die souveräne Betrachtung derartiger Phänomene – die selten geschehenen wie die häufig ungeschehenen – leitet den Blick schließlich hinüber auf die wundersamen Ereignisse des Alltags, die ständig und überall passieren. Ein Blick aufs eigene Kind genügt. Mitunter einer aus dem Fenster.

Das heißt, dass die Konzentration auf den Sonderfall letztlich zu einer Konzentration auf das Natürliche führt. Das Glanzlicht gewahrend (aber damit auch seine Abhängigkeit vom reflektierenden Objekt), erkennen wir endlich die Schönheit des Körpers.

Das Wunder von Nain betrachtend, rückt für mich nach und nach die Gestalt der Mutter in den Vordergrund, die Liebe zu ihrem Kind, ihrem Sohn, ihr Schmerz wie auch ihr Glaube. Das Vereintsein mit dem Kinde.

Es ist ein wunderbarer Kunstgriff in Houstons Verfilmung des »Vulkans«, dass der von Yvonnes Eintreffen berührte Dr. Vigil die Einladung des Konsuls, sich an der Willkommensfeier zu beteiligen, mit der Begründung ausschließt, er könne leider nicht, denn er müsse helfen, ein Kind zu entbinden. Das Wunder um Yvonne (und wir wissen oder ahnen ja, dass dieses Wunder in die Katastrophe führt) weicht einen heilsamen Moment lang der alltäglichen Wunderfülle simplen Lebens, das zweifellos seinen stärksten Ausdruck in der Geburt eines Kindes findet.

Was Christus in der Geschichte des »Jüngling von Nain« tut, ist vor allem eines: Er redet mit dem Toten, spricht ihn an, ignoriert gewissermaßen dessen Todsein. Beziehungsweise begegnet er diesem Todsein mit einer ähnlichen Selbstverständlichkeit, mit der man einen Schlafenden weckt.

Bei Luther heißt es dazu: »Der Witwe Sohn ist Tod, und er hat das Gehör und alle Sinne verloren. Aber sobald Christus mit ihm redet, hört er. Das ist doch eine seltsame, wunderbare Geschichte: der da nicht hört, der hört; der da nicht lebt, der lebt. Und geschieht doch mehr nicht, denn das Christus seinen Mund auftut, heißt ihn aufstehen.« Und gleich darauf merkt Luther an, dass die Verstorbenen wohl leiser schlafen als die Lebenden in ihren Betten. »Denn das kann wohl geschehen, daß du so hart schläfst, daß man dir zehnmal ruft, ehe du einmal hörst.«

Das gilt nicht nur für den Schlaf, es gilt auch für das Wachsein. Wobei sich die Frage stellt, ob wir darum nicht

hören, weil wir taub oder unkonzentriert sind, oder nicht
hören, weil es nichts zu hören gibt, niemand uns ruft. Oder
weil da ein Lärm ist, in dem die Rufe verkümmern und die
Ohren verstopfen.

Ein Sinn des Gebets kann darin bestehen, seine Ohren
wieder frei zu kriegen und zu hören, was zu hören ist.

Einen Krimi zu schreiben, erfordere Disziplin, sagt **HEINRICH STEIN-
FEST.** »Ansonsten lässt mir dieses Genre die ganze künstlerische Freiheit.« Die er auch voll und ganz auskostet. Seine Bücher stecken voller
surrealer Einfälle, philosophischer Exkurse und satirischer Seitenhiebe
und bleiben doch, was sie sein sollen: spannende Kriminalgeschichten,
an deren Ende aber eher selten das Böse besiegt zu sein scheint. Steinfest
wurde 1961 in Australien geboren, kam als Kind nach Wien, von wo aus
er Ende der neunziger Jahre nach Stuttgart übersiedelte, ein Schritt, für
den er sich in fast jedem Interview rechtfertigen muss. Er mag die Stutt-
garter, weil sie gar nicht gemocht werden wollen, und hat sich zusammen
mit ihnen gegen »Stuttgart 21«, den geplanten Abriss und unterirdischen
Neubau des Hauptbahnhofs, engagiert. Davon handelt auch sein vorletz-
ter Krimi (»Wo die Löwen wohnen«, Theiss 2011), der kurz vor seinem
neuesten Buch (»Die Haischwimmerin«, Piper 2011) erschien.

Feridun Zaimoglu

EINE VERWANDLUNG

Der Sänger sang keine Volksweisen, er sang Lieder der höfischen Musik, und die Frauen, deren Herzen ihm zuflogen, liebten ihn für seine weißen Zähne, für sein sauber gekämmtes kurzgeschnittenes schwarzes Haar, und für seine feinen Manieren. Sie sagten: Die Arbeit ist der Spiegel des Mannes; dieser Mann ist der Spiegel eines wolkenlosen Himmels. Den Ehemännern dieser Frauen war der Sänger ein Greuel, sie glaubten, daß es sich bei dem Sänger um einen besseren Kartenzinker handelte – er würde mit Effekten Affekte provozieren. Ihre Frauen konnten sie gerade noch davon abhalten, ihm nachzulaufen, ihm, der im weißen Smokingjackett auftrat, ihm, der sich auf der Bühne in Gesten eines verträumten Jünglings verbrauchte. Die Männer waren in der

Mehrzahl pensionierte Militärs, Richter, Chefärzte und reiche Händler, sie hingen nicht vom Wohlwollen niederer Chargen ab, und wann immer sich eine Gelegenheit ergab, sagten sie: Poesie ist weder Mittel noch Zweck. Poesie ist das Paßwort der Schwindler, ein Poet macht selten genaue Angaben zu seiner Person, und unsere sauberen Frauen bekommen feuchte Hände, wenn dieser Sänger, der nichts weiter ist als ein trällernder Poet, wenn dieser Sänger also Liebesreime ins Mikrofon seufzt...

Der Lautsprecherwagen fuhr durch die Straßen der Feriensiedlung, und eine Frau verkündete mit einem Faden Stimme das baldige Wunschkonzert, sie rief die Liebestollen dazu auf, dem Sänger zu Ehren Rosen vom Garten zu pflücken und sie ihm zuzuwerfen. Die Männer liefen vor Zorn rot an, sie saßen in den Strandcafés und sprachen über die hohe Politik, über die hohen Steuern, und über die hohen Absätze der jungen Frauen. Sie schwitzten nicht übermäßig, sie hatten sich an die Augusthitze gewöhnt, sie waren für ihre Verhältnisse milde gestimmt – sie verhielten sich sogar gegenüber den jungen Kellnern nachsichtig, den in der Urlaubssaison kellnernden Studenten, den Linkssozialisten, in deren Mausgesichter Verachtung eingezeichnet war. Die Männer sprachen in Weisheiten und Metaphern, und als der General außer Dienst sagte, daß sie alle es gewöhnt wären, heranschwirrende Fliegen mit dem Handrücken wegzuwedeln, da nickten die anwesenden Männer: Die Poeten, die Kellner, der Sänger – sie fanatisierten die Frauen, sie mußten als gefährlich eingestuft werden.

Dies trug sich zu im heißen Monat, der Angestellte, der seinen schweren Kanister am Rücken trug und Gift auf Sträucher und Büsche versprühte, hatte sich an diesem Tag krankgemeldet; deshalb wimmelte es vor Fliegen. Die Besitzerin der Frikadellenbude verstand die Männer, sie verstand, daß der Anblick von Fliegen ihnen auf den Magen schlug, und deshalb wies sie die Kellner an, auf ihre üblichen Späße zu verzichten. Der Sänger, sagte sie leise zu den Kunstgeschichtsstudenten, ist bestimmt ein Meister seines Fachs – muß er aber unbedingt die Frauen gegen ihre Männer aufbringen? Er tut es ohne Absicht, er macht sich trotzdem der Verhetzung schuldig …

Was sollte der Student ihr schon antworten? Es war ihm egal, daß diese dicken Kerle von wölfischem Charakter dem Anstand, der Moral und einem Leben ohne Stechmücken und Fliegen anhingen. Es ging ihn nichts an, daß der Sänger die Mädchen verhexte, auch er tauschte Illusionen gegen Buletten ein. Nichts konnte ihn davon abbringen, den Himmel für das große Maul eines grollenden Tieres zu halten, er behielt seine Gedanken für sich und servierte die heißen Hackbällchen auf kaltem Teller. Der Giftsprüher war ein umgänglicher Mensch, er hatte den Studenten in die kleinen Geheimnisse eingeweiht und ihm erzählt, daß der Sänger für weibisch galt, weil er die liebestollen Frauen auf den Mundwinkel küßte, jene Frauen, die sich nach dem Konzert nach vorne drängten, um dem Schönen eine Rose ohne Stiel hinter das Ohr zu stecken. So nannten sie ihn insgeheim, den Schönen, und wer hinter dieser Inbrunst nur hohle Worte und böse Gefühle vermutete, lag falsch. Er, der Giftsprüher, wäre im vergangenen Jahr zum Konzert im Freiluftkino gegangen, natürlich hätte er Vorbehalte gehabt, natürlich hätte er den Rentnern erst einmal Recht gegeben: Wer verzauberte, wäre mit dem Teufel im Bunde. Der Sänger aber, flüsterte der Giftsprüher ins Ohr des Studenten, ist ein bescheidener Mann, er gleicht nicht den Künstlern unserer Tage. Ich habe am Ende seiner Darbietung geklatscht, bis mir die Hände wehtaten. Daher bin ich von den strengen Herren zur niederen Charge heruntergestuft worden.

Drei Tage vor dem Auftritt des Sängers starrte eine Frau vom Fenster ihrer Ferienvilla aus auf den Felsensporn auf der gegenüberliegenden Seite der Bucht; sie starrte vielmehr auf die Fahne am hohen Mast, die Fahne flatterte im Wind. Sie stellte fest, daß der Wind in die falsche Richtung blies, er wehte landabwärts, und also würde das Wasser kalt sein. Sie müßte sich damit begnügen, unter einem Schirm auf einer Liege auszuharren, bis eine Bekannte sie ansprach, bestimmt würden sie die Frauen belagern. Sie war die Konzertveranstalterin, sie stand im täglichen Kontakt mit dem Schönen, in diesen Tagen buhlte man um ihre Gunst: wer sich gut mit ihr stellte, konnte auf einen Platz in den ersten Rängen hoffen. Es war sogar vorgekommen, daß sie um ein Autogramm gebeten wurde, die Schicklichkeit gebot es ihr, diese Bitte auszuschlagen.

Sie führte ein kurzes Telefongespräch, die Frau am anderen Ende der Leitung redete sie mit Frau Dame an, denn dieser Name hatte sich im Laufe der Jahre eingebürgert. Die Frau sagte, man sollte sich über die Farbe des Meeres nicht den Kopf zerbrechen, nicht über die Plastikwindräder in der feuchten Erde ihres Gartens, die die streunenden Katzen zernagten, nicht über die strengen Herren, weil sie in viel zu knappen hinternbetonten Badeshorts den Strand auf- und abliefen. Sie käme aber nun endlich zu ihrem Anliegen: An einer Stelle nördlich von der Bucht – für die einen eine Einöde, für die anderen ein vom harten Wind zerfurchter Landstreifen – badeten die wilden Halbwüchsigen, ausgerechnet dort wurden Abwässer ins Meer geleitet, und schon vergangenes Jahr hätten diese wilden Kinder ihre Wunden stolz vorgezeigt – die Wunden hinter den Ohren, zwischen den Fingern, an den Kniekehlen. Sie hätte die Frau Dame mit dieser Lappalie nicht weiter belästigt, wenn sie nicht mit eigenen Augen gesehen hätte, daß die Verlobte des Sängers im verseuchten Wasser geschwommen war. Sie schwamm in

Rückenlage und die Wilden klatschten entzückt, man müßte einschreiten. Die Frau Dame mußte unbedingt einschreiten, sonst drohte den Feriensiedlern ein Ansehensverlust. Die Veranstalterin versprach, mit dem Gendarmenoberst zu sprechen, er hätte die Befugnis, diesen Strandabschnitt wegen Lebensgefahr abzusperren. Wenig später fuhr Frau Dame zur besagten Stelle, die Bauern der Gegend nannten sie »die Nagelkerbe«, und tatsächlich, der Zufall wollte es, daß sie die Verlobte traf – sie lag auf einem weißen Frotteetuch, und zwei junge Männer standen im hüfthohen Wasser und beschauten sie heimlich. Ich muß mich zusammenreißen, dachte Frau Dame, ich darf sie nicht wegen ihres Ausschnitts und ihrer Bikinihose rügen, es ist keine Hose, es ist ein Höschen, kein Wunder, daß die Rentner immer eine Schachtel ihrer Lieblingszigaretten bereithalten, die Rentner tragen neuerdings kurzärmelige bunte Hemden, und in der Brusttasche steckt die Zigarettenschachtel… Frau Dame verbot sich also im Geiste diese und jene Rüge, und als ihr Schatten auf die Lächelnde, die frohsinnig Darniederliegende, die Fastunbekleidete fiel, sagte die Lächelnde: Ich erkenne sie an der Faltencreme, die sie bestimmt morgens nach der Katzenwäsche auftragen… Was sollte sie erwidern? Die Wilden schnitten Gesichter, der Wind schäumte das Wasser auf, und alles, was sie hätte in diesem Augenblick sagen können, wäre später gegen sie verwendet worden. Diese Frau zeigte sich vielleicht belehrbar, wenn sie sie mit Komplimenten umgarnte, das tat sie dann auch, sie nannte die Verlobte ein entzückendes Wesen, eine Künstlerin, der Besessenheit fremd wäre, denn hatte der Sänger nicht in einem Interview über die Besessenen gesprochen, die allen Andersartigen eine Abart zuordneten; hatte er nicht die unmodernen Männer verurteilt, die immer dann eine finstere Miene zögen, wenn ihnen der Sinn danach stand... Mein Freund ist vormodern, sagte die Verlobte, er legt Feigenschalen auf dem Fensterbrett zum Trocknen aus, er raspelt sie klein, und läßt sie dann von seiner Schwester zur Marmelade aufkochen. Jeden Morgen ißt er vier Eßlöffel Feigenraspelmarmelade. Er behauptet, die Schalenstückchen würden in seinem Magen zu Manna verdaut werden. Ich bin mit einem halbverrückten Mann zusammen. Aber einem Künstler sieht man jede Blödheit nach... Die Frau Dame war drauf und dran, sich zu vergessen. Dieses Detail aus dem Privatleben des Sängers ging sie nichts an, sie würde bei jedem Gespräch mit dem Künstler immer an Feigenschalenmarmelade denken müssen. Also beschloß sie, ab sofort dieses junge Ding für ein unmögliches Persönchen zu halten, und sie sagte: Ich kann diese privaten Dinge nicht kommentieren. Ich bin hier, um Sie zu warnen – Sie dürfen hier nicht baden, das Wasser ist giftig. Diese Wilden tun es, weil sie glauben, es sei verwegen. Es ist aber nicht verwegen, wenn man kleine Wunden hat, die nicht verheilen wollen...

Das Persönchen wandte ein, daß sie Gerüchten kaum Glauben schenkte, im Gegensatz zu den seltsamen Menschen an diesem Ferienort. Den Sänger eine Goldkehle zu nennen wäre eine Frage des Geschmacks, ihn aber anzuhimmeln wie einen Abgott eine Unmöglichkeit. Unmöglich könnte sie, eine erwachsene Frau, den Sänger, einen erwachsenen Mann, anbeten, als wären ihm Kopfschmerzen, Magenverstimmung, und ja, gewisse Unpäßlichkeiten im Bett fremd... Frau Dame entfernte sich in trippelnden Schritten von dieser... von diesem... von der äußerst dummen Person, sie fuhr ohne Umwege zur Frikadellenbude, und weil sie trotz zweier Gläser kalter Limettenbrause unbesänftigt blieb, erzählte sie den Rentnern mit den prallen Brusttaschen von der Begebenheit. Sie zuckten zusammen, als hätten sie gerade die Kunde vom Putsch der linkssozialistischen Kellner vernommen. Sie starrten schweigend und demonstrativ blind Frauen in Badekostümen hinterher. Sie kratzten sich an ihren grauen Koteletten, von denen sie hofften, daß sie ihnen ein jüngeres jungenhaftes Aussehen verliehen. Frau Dame riß sie aus ihren Gedanken, sie fragte, was genau sie an ihrer Stelle unternehmen würden, man könnte einer Frau, der es nichts ausmachte, Bettgeschichten auszuplaudern, unmöglich diese ihre Untat durchgehen lassen, sie, die verehrten Herren, wären Männer, die doch auch sonst jeden Fehltritt tadelten, und sie verstünde nicht so recht, weshalb sie nun schwiegen wie Eulen auf der Jule. Der Richter außer Dienst warf ihr daraufhin vor, sie hätte ohne Rücksprache mit ihnen ein Konzert organisiert, über den Sänger, nun ja, über den weibisch geschliffenen Barden gäbe es Gerüchte, und das aktuelle Gerücht ginge folgendermaßen: Nach seiner Tour wollte der Mann wohl mit rohen Erbsen im Schuh eine Pilgerschaft machen; in einem Traum hätte er sich in die Badewanne gelegt, und das heiße Wasser wäre sofort in Rotwein verwandelt worden. Wer wären sie, daß sie sich in anderer Leute Träume einmischten, doch wer sich von einem äußerst verkehrten Traumbild zu einer Pilgerfahrt anstiften ließe, müßte, wenn nicht mit Gegenwehr, so doch mit Ablehnung rechnen.

Eine Stunde später lag Frau Dame auf der Liege in Sichtweite des Backfischstegs, es sprangen von diesem Steg knapp bekleidete Studentinnen ins Wasser, und so verwunderte es auch nicht, daß junge und alte Männer den Strand entlangliefen. Widerlich, abstoßend, zum Stirnklatschen dumm, dachte Frau Dame, ich kann das alles denken, aber ich darf es nicht aussprechen. Sonst stehe ich bald in dem Ruf, ein Tugendlämmchen zu sein … Sie sah sich beim Anblick eines Bekannten genötigt, ihr Badetuch auf ihre Beine zu legen, man konnte ja nie wissen. Man konnte nicht wissen, ob dieser Mann den Kontakt zu ihr aufrecht erhielt, weil er sich davon einen kleinen Vorteil erhoffte. Er hatte es vom Flaschensammler zum Inhaber einer Speditionsfirma gebracht,

manchmal ertappte man ihn beim Einsammeln von Pfand-
flaschen, und er gab vor, dies zu tun, um nicht zu vergessen,
woher er kam: aus der Gosse. Jetzt sagte er: Ich habe eine
Karte für einen Sitzplatz Mitte zweiter Rang. Eine teure Karte. Ich will niemandem unterstellen, daß er sich bereichert.
Mich plagt heute eine andere Sorge. Ich bin ledig, und der
Sänger hat eine unverheiratete Schwester. Ich will Sie bitten,
mich zum Abendessen nach dem Konzert mitzunehmen…
Der Frau Dame entfuhr sofort ein entschiedenes Nein, ein
zweites und ein drittes Nein. Es stand nicht in ihrer Macht,
in Liebesangelegenheiten zu vermitteln, sie hatte in diesem
wie im letzten Jahr viele Frauen enttäuscht, die fest davon
überzeugt waren, den Sänger mit Gesäusel und Gewisper
verzaubern zu können. Was schwebte also diesem besseren
Flaschensammler vor? Daß sie die Kupplerin spielte? Gut, er
verhielt sich nicht übermäßig falsch, er legte aber an düsteren
Abenden wie ein Intellektueller den Zeigefinger an die Schlä-
fe und sagte sonderbare Sachen. Es ist leichter, Erbsen durch
einen brennenden Reifen zu schnipsen, sagte er und riß Frau
Dame aus ihren Gedanken. Sie war um eine Erwiderung ver-
legen, er starrte wie gebannt auf ihre rot lackierten Zehennä-
gel. Eine Weile verharrten sie schweigend, für zwei Frauen
sah es aus, als würden die Liebenden hoffen, daß der Wind
ihren Kummer aufs offene Meer hinaustrüge. Diese beiden
Frauen saßen halb versteckt hinter einer Palme, und wie es

der Zufall wollte, hatte die eine Frau der anderen gerade erklärt, daß sie sich wie eine zertretene Erbse fühlte, nein falsch, sie hatte von einer zertretenen weichgekochten Bohne gesprochen. Es wäre sonst auch der Zufälle zu viel gewesen, denn die Männer und Frauen waren drei Tage vor dem Auftritt des großen Künstlers besonders anfällig für Zeichen: Wenn man einen Mann den Unvergleichlichen hieß, wenn man in seine Träume eintauchte und daher vergaß, sich mit Sonnencreme einzureiben, dann verstand man auch, daß es ratsam war, den zweistündigen Ausfall der Verkehrsampeln nicht weiter zu kommentieren. Die Frauen standen auf, nahmen ihre Plastikstühle mit, grüßten Frau Dame und den nicht unfreundlichen Millionär, setzten sich hin und warteten. Nun mochte es für einen Außenstehenden scheinen, als brüteten vier Menschen unter der Sonne über ein erhebliches Problem; und tatsächlich glaubte Frau Dame, sie würde von flüchtig Bekannten belagert werden, man würde sie mit absurden Anliegen um ihre Ruhe bringen. Einer Frau wurde es zuviel, auf den Eröffnungszug der anderen Frau zu warten, daher ging sie zum Angriff über, vielmehr strich sie sich erst eine lange Haarlocke aus dem Gesicht und sagte folgende Worte: Mein Sohn ist vorletzte Woche Dienstag neunzehn Jahre alt geworden. Ein schwieriges Alter. Wir haben ihn dazu erzogen, daß ihm beim Anblick einer Halbnackten nicht die Augen überquellen. Meinen Jungen trifft also keine

Schuld, daß die Verlobte des Sängers ihn aufgefordert hat, für sie den Strand nach Steinen in Herzform abzusuchen. Mein Junge schlägt die Bitte keiner Frau ab, das ist in seinem Alter eine Selbstverständlichkeit. Nun stellen Sie sich bitte vor: Er übergibt dieser Person eine Handvoll Steinchen, und sie küßt ihn ohne Vorwarnung auf den Mund. Sie sagt: Wäre ich nicht schon vergeben, würde ich dich vernaschen. Mein Junge lief zwar nicht gleich weg, er ließ sich sogar einige weitere Küsse gefallen. Man kann ihn dafür tadeln, das tat ich, und er erzählte, daß es dem Sänger recht geschah, er hätte gegen die Gebote der Rebellenliebe verstoßen. Lächerlich. Was soll das heißen – rebellische Liebe. Also, Frau Dame, Sie müssen etwas unternehmen, die ganze Siedlung ist in Aufruhr, bestimmt kommt dem Unvergleichlichen zu Ohren, welches Biest er zu seiner künftigen Ehefrau erkoren hat. Mein Junge jedenfalls kann nicht mehr ruhig schlafen, er hat dunkle Ringe unter den Augen. Mein Mann hat ihm eine Tracht Prügel angedroht, sollte er nicht aufhören, von dem Biest zu schwärmen… Frau Dame wurde schlagartig klar, daß die Kette der unangenehmen Geschehnisse nicht abreißen würde – man nahm sie nicht mehr ernst, man verweigerte ihr den Respekt, die Bittsteller umzingelten sie und hofften insgeheim, daß sie endlich stolperte.

Die nächste Stunde verbrachte sie damit, im Ton einer Gouvernante darzulegen, weshalb eine Veranstalterin eine

Veranstalterin hieß, und nicht eine Kummertante; sie wäre entsetzt über die Männer und Frauen in der Siedlung, ein jeder hätte einen Wunschtraum, sie aber wäre doch nur zuständig für das Wunschkonzert. Der Junge sollte sich einfach von dem Persönchen fernhalten. Der Millionär sollte ohne fremde Hilfe auszukommen vermögen. Und die strengen Herren sollten doch zu Hause bleiben, statt am Abend des Konzerts mit versteinerten Mienen neben ihren Gattinnen zu sitzen. Die nächsten zwei Tage kümmerte Frau Dame sich um die technischen Details, um den Vorverkauf, die Werbung, die Besoldung der Einlasser. Sie sprach mit dem Gendarmenoberst, einem jungen Mann mit einer klaren Linie, er hatte »die Nagelkerbe« zur Sperrzone erklärt, und er versprach, den noch unbekannten Kerl zu fassen, der dem Sänger auf den Werbeplakaten die Augen ausstach. Dann aber bat der Sänger um eine Unterredung an einem geheimen Ort, die Veranstalterin schlug als Treffpunkt ihr Ferienhäuschen vor. Der Unvergleichliche erschien zu ihrer Überraschung in Begleitung des Vorsitzenden des Vereins der Freunde und Förderer der Siedlung. Man nannte ihn hinter seinem Rücken Herr Hut, komischerweise hatte er in diesem Sommer Visitenkarten mit diesem Namen drucken lassen.

Frau Dame bat sie auf die Gartenterrasse, ein Tagelöhner war gerade dabei, die unteren acht Äste des Pinienbaums einen nach dem anderen abzusägen, er unterbrach kurz seine

Arbeit und fragte die Herrin des Hauses, ob er denn nicht gleich den Baum fällen könnte, sie müßte dann nicht länger zwei Male am Tag die Terrasse von Piniennadeln freifegen. Er wurde darum gebeten, laut Anweisung zu arbeiten, Frau Dame legte eine nasse Papierserviette in den Aschenbecher, der Sänger zündete sich nervös eine Zigarette an. Sie schwiegen, bis die Aschesäule auf den Tisch fiel, dann sagte Herr Hut, daß er kein Traumdeuter wäre, vieles andere schon, aber kein Traumdeuter, er würde traumlos schlafen und am Morgen einigermaßen erfrischt aufwachen, und er käme nie auf den Gedanken, seine Geschäfte nach den Launen eines Wahrsagers, eines Horoskopschreibers oder eines Traumdeuters zu erledigen; aber der Sänger, nun ja, er wäre ja anwesend und sollte selbst erzählen, weshalb er es für angelegen hielte, sein Konzert abzusagen. Frau Dame fuhr der Schreck in die Glieder, vielmehr verschluckte sie sich vor Schreck, Herr Hut klopfte ihr sanft und entschieden auf den Rücken und forderte den Sänger auf, das blöde Stieren auf die Säge des Tagelöhners zu lassen. Ich nehme die Strafe wegen Vertragsbruch in Kauf, sagte der Unvergleichliche, sehen Sie, es geschehen Dinge in letzter Zeit, die mich mutlos machen. Ich bin zermürbt. Da ist zunächst einmal meine Verlobte: Mein Mobiltelefon klingelt, und ehe ich mich versehe, bin ich in ein Gespräch mit einem unbekannten Jüngling verwickelt. Er stellt sich als ein rebellischer Jüngling vor, seinen Namen will er mir nicht verraten, er beschimpft mich als Liebestrottel und schlägt dann aber einen Handel vor: Er wird aufhören, mir auf den Plakaten Schaden zuzufügen. Ich soll im Gegenzug meine Verlobte verstoßen. Ich habe aufgelegt. Drohungen aller Art schenke ich keine Beachtung, viele Männer verdächtigen mich, eine heimliche Affäre mit ihrer Frau zu unterhalten. Aber in diesem besagten Fall bekomme ich eine Gänsehaut. Der anonyme Anrufer hat nämlich einen Anschlag auf mich angekündigt. Gestern Nacht reißt mich ein Mann aus dem Schlaf, der unaufhörlich an meiner Tür läutet – woher kennt er die Adresse meiner Zweitwohnung? Es ist zwei Uhr morgens, und in der Tür steht ein wirklich dämlich grinsender Kerl, ich verweigere ihm den Einlaß, und als er mich bittet, ihn meiner Schwester vorzustellen, werfe ich ihm die Tür vor der Nase zu und rufe die Polizei. Später kann ich einige wenige Stunden schlafen, und da träume ich von vielen großen Schüsseln in meiner Wohnung. Von Schüsseln, die mit Essig, Olivenöl, Wasser, Limonade, Kaffee und Tee gefüllt sind. Im Traum trinke ich einen Schluck von jeder Flüssigkeit, und in meinem Mund verwandeln sich der Essig, das Olivenöl, das Wasser und die Limonade, der Kaffee und der Tee in Blut. Ich wache schreiend auf, das behauptet jedenfalls meine Verlobte, sie hat mit dem Zweitschlüssel aufgeschlossen, sie steht im Schlafzimmer und schaut mich seltsam an. Dann sitzen wir am Frühstückstisch, ich habe mir den Schlaf und den Traum aus den Augen gerieben und bin aber noch nicht ganz wach. Da sagt sie: Ich habe einen wilden Jungen geküßt, am Strand, es war mir danach, der Junge hat viel Phantasie und glaubt allen Ernstes, daß ich dich für ihn verlasse. Das werde ich nicht tun. Das heißt, er wird ganz bestimmt nicht der Grund sein, daß ich dich verlasse. Verstehen Sie, wir sind zwar nicht verheiratet, aber eine gewisse Kußtreue darf ich doch wohl erwarten. Sie hat also irgendeinen dahergelaufenen Jungen geküßt. Was wäre, wenn ich der erstbesten Frau einen Kuß aufdrücke, es meiner Verlobten mit den Worten beichte, ich hätte mich einfach danach gefühlt?... Wie haben Sie sich verhalten? sagt Frau Dame... Ich habe den Verlobungsring abgestreift und in der Feigenmarmelade versenkt, sagte der Sänger, ich kann für ihre Ruppigkeit Verständnis aufbringen – sie sieht die mir zujubelnden Frauen, sie sieht mich diese Frauen anlächeln, und natürlich packt meine Verlobte der Ehrgeiz, mich vorzuführen. Sie meint es vielleicht nicht böse, aber ich stehe trotzdem als ein... Liebestrottel da... Und da haben Sie beschlossen, das Konzert einfach abzusagen, sagt Frau Dame, ich arbeite seit Wochen an den Vorbereitungen, ich muß mir fast jeden Tag Gehässigkeiten gefallen lassen. Ich habe nichts gegen Ihre Verlobte, Sie müssen wissen, wer zu Ihnen paßt, und wer nicht. Sie sollten sich aber nicht Träumen hingeben... Es sind nicht die Träume, sagte der Sänger, es sind die Männer Ihrer

Siedlung. Ich fühle mich ihnen schutzlos ausgeliefert. Frau Dame griff zum Telefon. Erst überzeugte sie die Mutter des wilden Jungen, ihn mit ihr sprechen zu lassen, dem Jungen erzählte sie, was sie gedachte, zu unternehmen: Die Verlobte würde in der nächsten Stunde ihn wegen hochgradiger Belästigung anzeigen, der Gendarmenoberst hätte von der Sache Wind bekommen und nun säßen die beiden bei ihr auf der Terrasse – es läge in der Hand des Jungen zu entscheiden; bestünde er weiterhin auf der Albernheit, wäre seine Festsetzung nur eine Frage der Zeit. Sie wüßte nicht, wie seine Freunde, und vor allem seine Freundinnen, reagierten, wenn sie erführen, daß man ihn wegen versuchter Vergewaltigung anklagen würde. Sie könnte aber, falls er sofortige Besserung schwor, auf die junge Frau und den Gendarmen begütigend einwirken. Sie lauschte kurz, nickte stumm und drückte auf die rote Taste. Nach vier kurzen Gesprächen ermittelte sie die Telefonnummer des Flaschensammlers, sie rief ihn an, forderte ihn auf, sich hinzusetzen, und sagte, der Gendarmenoberst wollte ihn noch in der laufenden Stunde in Handschellen abführen. Die Verlobte und die Schwester des Sängers und auch der Sänger hätten ihn wegen maximal tückischer Belästigung angezeigt; es gäbe noch eine einzige Möglichkeit, wie der Millionär aus dieser für ihn sehr, sehr peinlichen Sache unbeschadet herauskäme: Er müßte jeglichen Kontakt zum Sänger und seiner Entourage meiden, ein Verstoß hätte seine Festnahme zur Folge. Der Sänger wäre berühmt, dieser Fall käme zweifellos in die Zeitungen, und sie könnte sich ausmalen, wie seine Geschäftspartner und die Bankdirektoren diese schlechte Nachricht aufnehmen würden. Sie würde ihn vor großem Unheil bewahren, sie knüpfte aber ihre Intervention an zwei Bedingungen. Erstens: Er willigte für den ganzen Abend in eine Ausgehsperre ein, er könnte sich ja mit einer Migräneattacke herausreden. Zweitens: Er übernahm die Kosten für die Überholung der elektrischen Anlagen des Freilichtkinos. Frau Dame lauschte, nickte stumm, drückte auf die rote Taste und trank einen Schluck Wasser. Der Tagelöhner hatte aufgehört zu sägen und starrte sie an. Der Sänger saß reglos auf seinem Stuhl und starrte sie an. Herr Hut verschränkte die Hände auf seinem Bauch und starrte sie an. Frau Dame sagte: Der Junge und der Millionär, sie geben zu, sich grober Übertreibung schuldig gemacht zu haben. Sie schämen sich. Es wird zu keiner Übertretung mehr kommen. Ich habe diese lästigen Männer in die Schranken gewiesen. Also, wollen Sie heute für uns singen?

Und er trat auf, und er sang. Am Tag nach dem Konzert, zur nachmittäglichen Stunde bekam Frau Dame Besuch von einer anderen Dame, die man wegen ihres behaupteten Musikgeschmacks den Notenschlüssel nannte. Sie sagte, der Vorsitzende des Vereins der Förderer und Freunde der Feriensiedlung hätte sich im Alter zum Extremisten gewandelt ...

Sie verscheuchte eine Biene und zwei Fliegen, sie rückte ihren Sommerhut mit breiter Krempe auf den Hinterkopf, sie schaute auf ihre frisch manikürten Fingernägel. Der Extremist, fuhr sie fort, er reißt nach dem Konzert dem Sänger das Mikrofon aus der Hand und hält eine lange unsinnige Rede. Dann fordert er die Enkelkinder im Publikum auf, die Bühne zu stürmen, das waren seine Worte. Wie peinlich. Die Enkel stellen sich in einer Reihe auf, und Herr Hut grinst über seine soldatische Leistung. Wie unsensibel. Der Sänger war erschüttert, schließlich hatte seine Verlobte ihm vor unseren Augen eine Szene gemacht. Sie saß ja in der ersten Reihe, der Unvergleichliche lächelte sie bei jedem Liebeslied an, und was erwartet man da noch an Liebesbeweisen. Aber nein. Sie stand auf, warf ihren Verlobungsring achtlos auf den Boden, stolperte weinend hinaus. Hysterie und Versponnenheit. Kein Wunder, daß der Sänger völlig aus dem Tritt geriet. Auch finde ich, daß er an Stimmvolumen eingebüßt hat... Frau Dame gab ihr in allen Punkten recht, es war nicht ratsam, Frau Notenschlüssel zu widersprechen, sie fühlte sich dann ermutigt, ihr Gastrecht zu mißbrauchen.

Sie machte eine abfällige Bemerkung über die Pinie mit den acht Aststümpfen, und als es ihr zu viel wurde, Bienen und Fliegen wegzuwedeln, stand sie auf und verabschiedete sich mit den Worten, man müße darüber nachdenken, ob es nicht geradezu verwerflich wäre, die Verantwortung für die

Organisation von Konzerten auf die schwachen Schultern einer einzigen Person zu wälzen. Frau Dame schaute ihr nach und dachte: Was bist du doch für ein durchtriebenes Persönchen! Dann ging sie barfüßig in die Küche, füllte ein hohes Glas mit frisch gepreßtem Traubensaft, preßte über dem Glas eine halbe Limette, entdeckte im Saft zwei Traubenkerne, tauchte einen Finger hinein, drückte sie von innen gegen das Glas, schob sie bis zum Trinkrand hoch. Sie schüttelte kurz ihren Finger, die Kerne flogen auf den Boden. Heute konnte sie sich Nachlässigkeit leisten. Sie stellte das Glas auf einen Unterteller und den Unterteller aufs Tablett, sie machte einige wenige Schritte und stieß mit dem Fuß die Schlafzimmertür auf, und beim Anblick des halbnackten Sängers auf dem Bett entfuhr ihr ein Jauchzlaut des Wohlbehagens.

Er sei »ein später dazu gekommener Deutscher«, sagt **FERIDUN ZAI-MOGLU** über sich. Tatsächlich war er ein Jahr alt, als seine Familie 1965 aus der Türkei nach Deutschland übersiedelte. Zaimoglu studierte Medizin und Malerei, brach beides ab, jobbte als Hilfsarbeiter und machte sich eines Nachts daran, Lebensgefühl, Wut und Selbstbehauptungswillen seiner jungen deutsch-türkischen Generation aufzuzeichnen. In authentischer Sprache. So entstand »Kanak Sprak«, eine furioser Abgesang auf jegliches Multikulti-Idyll. Sein neuestes Buch (»Ruß«, Kiepenheuer & Witsch 2011) ist im Kohlenpott angesiedelt, einer von der Zukunft abgehängten Region, in der die Hoffnungslosigkeit wie Ruß an allem zu haften scheint. Für seine Bücher betreibt Zaimoglu intensive Recherchen. Dafür sucht er die Orte auf, die er beschreiben will, denn der Wahlkieler lehnt es bis heute ab, sich ans World Wide Web anzuschließen und von seinem Schreibtisch aus zu virtuellen Reisen aufzubrechen.

DANKSAGUNG

Zum Gelingen der Wunder-Variationen hat in besonderem Maße Martin Schneider, Pfarrer der Darmstädter Stadtkirche, beigetragen. An diesem Ort treffen Kultur, insbesondere Literatur und Religion, stetig und selbstverständlich aufeinander. Ihm sei an dieser Stelle sehr gedankt. Außerdem möchten wir Barbara Goldberg aus Frankfurt Dank sagen.
Dafür, dass sie die Autoren so außergewöhnlich und persönlich porträtiert hat.

IMPRESSUM

Bibliografische Information der Deutschen Bibliothek:
Die Deutsche Bibliothek verzeichnet diese Publikation in der
Deutschen Nationalbibliografie; detaillierte bibliografische Daten
sind im Internet über http://dnb.ddb.de abrufbar.

Herausgeber: EKHN Stiftung
Redaktion: Elke Rutzenhöfer
Titelkonzept: NORDSONNE, Berlin
Gestaltung und Satz: Lisa Keßler
Druck und Bindung: BELTZ Bad Langensalza GmbH

Printed in Germany, ISBN 978-3-86921-097-1

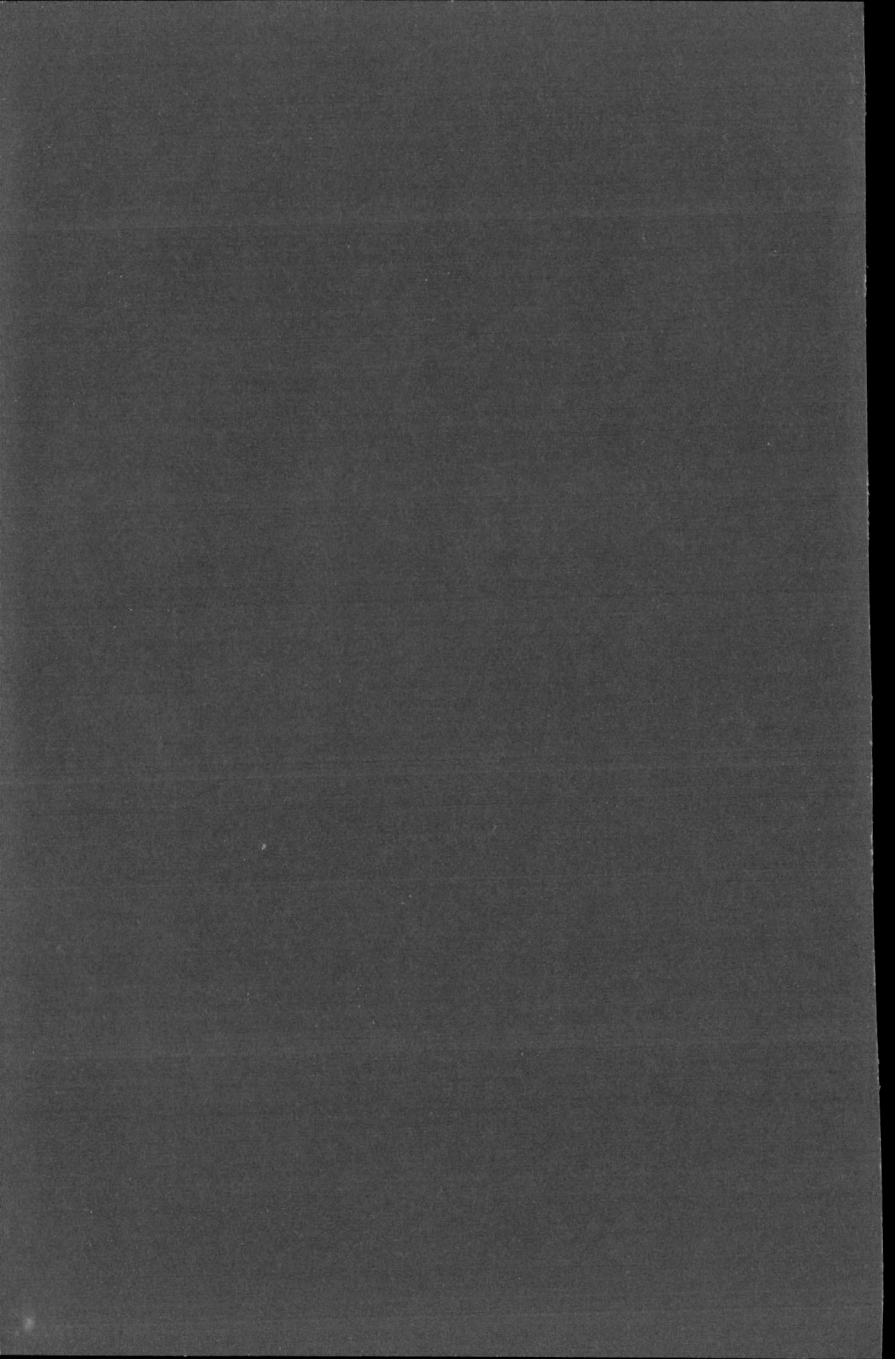